Maria Teresa Viglioglia

Apprendre à apprendre
Didactique et pratique de la Langue Française

Apprendre à apprendre
Didactique et pratique de la Langue Française
Avec la collaboration du Prof. Biagio Pinnelli

SOMMAIRE

Introduction	4
Acquisition et apprentissage	5
Qui est le professeur de langue ?	8
Matériaux authentiques	10
Enseigner par compétences	11
Les objectifs pédagogiques et les objectifs culturels	12
Définir le contenu	15
Schéma d'une programmation	19
Unité d'apprentissage : Se situer dans l'espace	23
Unité d'apprentissage : Se situer dans le temps	39
Paramètres pour la compréhension d'un texte écrit en langue étrangère	58
L'Activation des connaissances et des aptitudes préalables de l'apprenant-lecteur	62
Les Entrainements spécifiques concernant le texte	64
La Révision et la validation des hypothèses	66
Unité d'apprentissage : Mérimée - Mateo Falcone	68
Unité d'apprentissage Émile Zola - Germinal	87
Unité d'apprentissage : Arthur Rimbaud - Le dormeur du val	109
Bibliographie	127

Introduction

L'auteur se propose d'analyser la place qu'occupe aujourd'hui la didactique du français langue étrangère/langue seconde par rapport aux autres disciplines avec lesquelles elle entretient traditionnellement des relations. Deux actions (l'une relevant de la formation, l'autre de la recherche) lui servent d'exemples pour montrer que l'avenir est non seulement à la transgression des cloisonnements disciplinaires, mais aussi à la reconnaissance de la spécificité des questions abordées dans le domaine de la didactique des langues et des cultures. Le texte est organisé d'une 1ère partie de didactique générale et une 2ème partie principalement orientée en particulier vers l'analyse de la langue, des discours oraux et l'étude des stratégies d'enseignement-apprentissage spécifiques s'y rapportant. Cette dimension se trouve renforcée par un enseignement de langue de spécialité qui aborde les notions de "lexique" et de "communication spécialisés" (par exemple, la langue de la narration. Ce texte vise à former de futurs professionnels et spécialistes de langues et cultures : en particulier de futurs enseignants de français langue étrangère et langue seconde. Il donne un aide pour une formation théorique et pratique spécialement conçue en fonction des nouvelles approches et des technologies de pointe en didactique du français langue seconde. L'atteinte des objectifs sera facilitée par une sensibilisation aux rôles que doit jouer l'enseignant spécialiste en français, langue seconde, par l'acquisition de notions théoriques fondamentales en apprentissage et en enseignement du français langue seconde, et par le développement de nouvelles stratégies pédagogiques. Le modèle de U.D. est seulement une proposition, ce n'est pas une recette, il faut toujours s'adapter à la réalité des apprenants, à la classe ou contexte. Les phases doivent être comprises dans un sens plus logique que chronologique, comme un moyen de faciliter l'apprentissage d'une L2 dans une école où l'enseignement est orienté vers l'action, à la figure de l'apprenant et de son personnel style d'apprentissage, dans une école où l'élève devient le principal architecte du processus d'enseignement / apprentissage. Les objectifs pédagogiques sont en quelque sorte la pierre angulaire de la programmation. "Un objectif est la description d'une performance que les élèves doit être en mesure de montrer pour être reconnu compétent; décrit, c'est à dire, le résultat que «l'éducation vise plutôt que la méthode d'enseignement[1] »

---

[1] Mager Robert F, Gli obiettivi didattici ,Giunti & Lisciani, Educazione nuova 1987

Acquisition et apprentissage

L'acquisition désigne le processus ou le mode naturel par lequel un apprenant s'approprie des connaissances d'une langue. Il s'agit d'un processus d'appropriation naturel sous forme d'une construction langagière qui se fait de manière inconsciente et implicite par le seul bain linguistique en se focalisant sur le sens, alors que l'apprentissage (processus guidé) se fait en milieu institutionnel (scolaire ou professionnel) sous une forme artificielle, consciente et explicite qui impliquerait une focalisation sur la forme. S.D. Krashen (linguiste et méthodologue américain à qui l'on doit The Natural Approach, Pergarnon Press, 1983) [2]oppose « acquisition », processus non conscient qui conduit à une connaissance implicite de la langue, à « apprentissage » (Learning), processus conscient qui conduit à une connaissance explicite. "Les clivages entre acquisition naturelle (hors classe) et artifice de la classe, entre environnement non-institutionnel (supposé naturellement à l'acquisition) et milieu institutionnel (réputé rebelle à cette même acquisition) eux-mêmes ont été déplacés et la ligne de partage passe plutôt aujourd'hui entre le « guidé » et le « non guidé »."
Krashen (modèle du moniteur)l'acquisition[3]: processus de construction créative d'un système/d'une langue selon une série d'étapes communes à tous les apprenants. C'est donc un processus inconscient qui résulte de l'application de stratégies universelles comme prouve l'ordre naturel de l'acquisition de certains aspects grammaticaux par les adultes et les enfants. L''apprentissage est un processus conscient d'intériorisation de règles explicites.[4] D'après Krashen, l'apprentissage s'explique par l'intervention d'un moniteur qui apparait lorsque l'apprenant dirige son attention sur la forme et non par sur le contenu (pas de contraintes temporelles pour la production). Dans ces situations qui ne sont pas en temps réel, les apprenants produisent des erreurs plus irrégulières et l'ordre universel n'est pas si net. L'utilisation de ces deux termes par opposition est née il ya plusieurs années de faire la distinction entre le processus qui suit l'enfant à devenir compétent dans leur langue maternelle («acquisition») et le processus qui suit l'adulte à acquérir des compétences dans une deuxième langue ("apprentissage").Le terme "acquisition" désigne un processus inconscient qui dépend d'une large exposition à la langue et une grande expérience de la communication directe, c'est-à-partir d'une concentration totale sur le contenu des messages. Au lieu de cela, le terme «apprentissage» est une étude de formes linguistiques conscientes. Au fil des ans avec le passage des années et avec l'approfondissement de la recherche sur l'apprentissage (au sens large) des langues, on a remarqué (que de plus en plus) que cette distinction reflète davantage la plupart des systèmes éducatifs que les informations précises sur la façon d'apprendre les langues. On observe que les apprenants adultes ont utilisé des formes linguistiques jamais été formellement étudiés. Adultes, aussi, donc ils ont pu «capter» quand vous étiez dans une grande exposition à la langue et l'expérience authentique de la vraie communication. Krashen et ses collègues insistent sur ce fait et soulignent tous les cas d'adultes qui, après avoir changé de pays et de s'immiscer dans les réalités sociales locales, tout en n'étant pas consciemment étudié la langue, d'atteindre une haute compétence communicative dans une langue seconde. L'«acquisition» donc, c'est elle qui importe, pas le "apprentissage". Alors, puisque les deux processus de Krashen «acquisition» et «apprentissage» sont clairement distincts, sans aucune possibilité de passer de la conscience à l'inconscient ou vice versa, sa position semble soutenir que le temps passé dans la salle de classe '«apprentissage» est du temps perdu comme il est volé le temps de " acquisition ". Ce dernier argument est risqué, parce que la documentation empirique présentée par Krashen à l'appui de son argument est extrêmement pauvre si l'on tient compte de la gravité des dommages dans le cas où les enseignants suivraient un tel principe (et, autrement dit, ils cessaient d'enseigner, tout règle morphosyntaxique, lexical, phonologique) et peuvent ils découvrent plus tard

---

[2]Krashen ,Linguiste et méthodologue américain ,The Natural Approach, PergarnonPress, 1983
[3]Krashen, S. 1981 *Second Language Acquisition and Second Language Learning*,Pergamon.

qu'il n'est pas fondé. Attention, ne pas nier l'utilité du concept binominal "apprentissage" / "acquisition". Il est certainement utile à différents niveaux. Il peut servir à expliquer des phénomènes que l'on retrouve dans la réalité de nos étudiants. Il peut servir à comprendre que notre enseignement est axé trop sur l'«apprentissage» et ne se soucie pas assez de l' «acquisition». Qu'est-ce contexte est l'affirmation selon laquelle il existe une relation interactive entre notre conscient et notre inconscient? Ce serait, entre autres, d'exiger que le domaine de l'enseignement des langues termine avec une formule si simple pour un problème considéré très complexe pour des générations de psychanalystes. Je ne peux pas prendre au sérieux l'affirmation selon laquelle ce qui est «appris» (consciemment étudié) ne peut pas passer plus tard dans le subconscient. Je suis d'accord, cependant, que l'objectif général de l'apprenant doit être à «acquérir» autant que possible, car le degré de sa compétence communicative dépend de combien peut interagir spontanément avec les autres. Et cela ne peut arriver si d'énoncer une phrase, il devrait d'abord consulter consciemment toute la banque de règles qui ne tient que dans sa conscience avant que vous puissiez choisir des mots, la syntaxe, phonologie et ensuite énoncer des phrases appropriées .C'est vrai que «l'enseignement traditionnel se souciait fort peu de besoin à la fois de la grande exposition à la langue est une expérience authentique de la vraie communication. Et ceux qui nous suivent un peu d'années savent que nos efforts sont orientés dans le sens de donner plus d'espace à ces aspects de l'enseignement, c'est de multiplier les occasions en classe "acquérir" la langue au lieu de simplement «d'apprentissage». Le résultat de notre travail est que maintenant il ya plus d'harmonie entre ce que l'élève démontre une connaissance dans un test purement formelle et ce qu'ils peuvent faire pour communiquer avec des locuteurs natifs. Dans le passé, cependant, avec l'enseignement en s'appuyant les plus '"apprentissage", un étudiant qui s'est avéré bon pour les tests «formelle» sont souvent révélées très capable dans la vraie communication. Pour nous, donc, a confirmé l'hypothèse selon laquelle le '"apprentissage" doit laisser la place à' «acquisition» dans l'enseignement des langues. Le problème est: dans quelle mesure? Krashen dit «complètement». Il est, à mon avis, un trop risqué, trop de problèmes restent ouverts. Au cours des dernières années sous l'enseignement d'une langue seconde on a établi la nécessité de renforcer l'approche communicative plutôt que l'enseignement des structures formelles de la langue. La propagation de cette perspective a eu pour effet l'importance du développement d'une fonction autonome de l'enseignant dont l'intervention conception et dont la richesse de l'expérience sont une composante essentielle de la méthode. La nature ouverte et dynamique de l'approche communicative fournit un large éventail de techniques et les itinéraires liés à l'enseignement de chacune des quatre compétences linguistiques et leur intégration sert également à mettre en une nouvelle et originale les problèmes et les techniques d'évaluation. Dans le cadre de l'approche communicative l'objectif principal est représenté par l'acquisition de la compétence communicative. Cela signifie que, en plus de connaissances sur les concepts, les fonctions et les structures linguistiques, il est nécessaire utiliser, avec une flexibilité efficace dans l'expression, le choix des formes linguistiques plus appropriées au contexte dans lequel la communication a lieu. À l'école, le plus grand obstacle est donné par l'incapacité d'exposer l'élève à la langue pendant un temps approprié, ce qui nécessite une grande attention à la programmation de l'enseignant de commencer leur travail de temps en temps de la communication. Il est d'opter pour une connaissance linguistique générale ou d'un langage de spécialisation qui est de donner dans les circonstances, ces compétences écrites ou orales, à jouer de temps à autre sur l'écoute ou la lecture. En tout cas, il est essentiel d'étapes soigneusement gradués de l'apprentissage par rapport aux objectifs et à planifier correctement les étapes de vérification. L'enseignant devra peser soigneusement le choix du contenu, des matériaux et des techniques en rapport avec la dimension communicative dans lequel l'enseignement est dispensé. La méthode de communication identifie les principaux objectifs et les objectifs secondaires, ainsi que les buts et objectifs spécifiques. Parmi ceux-ci, nous ne pouvons pas nous oublier de ceux qui sont les objectifs cognitifs. En fait, pour l'école de base d'apprentissage d'une langue étrangère n'a pas un caractère uniquement instrumental, mais aussi de la formation, la deuxième langue doit donc contribuer à la réalisation des objectifs cognitifs généraux, comme savoir analyser, synthétiser, comparer, déduire, interpréter, évaluer, exploiter choix. Il est des objectifs cognitifs d'une transversale dont la réalisation est reliée à une activité de planification activé à long terme au sein du conseil de classe. D'autre part, l'enseignement d'une deuxième langue est une partie de l'enseignement des langues: qu'est-ce que l'enseignant de l'enseignant collaborateur privilégié italien d'une langue étrangère. La tâche de l'enseignant est d'articuler le programme dans les unités qui ont trait à l'acquisition de fonctions communicatives Bonnes aptitudes de communication dans une langue étrangère exige la possession d'un ensemble intégré de compétences. Réceptif (écoute-lecture), la production (parler -écriture). Il est important d'utiliser des matériaux autant que possible à partir de situations de communication concrètes et authentiques. Le manuel sera complété par des enregistrements audio et vidéo, des cartes flash et des cartes de rôle, des photographies, des dessins, des jeux, du matériel pour les utiliser comme des cartes routières, des publicités, des articles dans les journaux et magazines, un appel au rétroprojecteur et l'ordinateur sont des aides d'enseignement précieux. Pour Barbot et Hirschsprung, le terme professeur désigne l'actuel - animateur, consultant, formateur, médiateur, tuteur, concepteur, administrateur, montre qu'il ya eu une évolution, qui est une interrogation sur les fonctions actuelles , principalement en raison de ces changements dans la situation de l'emploi causées par l'intégration des TIC, les comportements culturels, des espoirs des élèves et la nécessité de restaurer l'efficacité des systèmes éducatifs réels, basés sur les besoins de formation de la société d'aujourd'hui. Par rapport à un cours traditionnel, lors d'une réunion en semi-autonomie, l'enseignant doit progressivement abandonner le rôle central de référence et se déplacer dans le rôle d'entraîneur ou d'un tuteur, fournir une assistance uniquement lorsque c'est nécessaire et seulement à ceux qui en ont besoin. En plus de ce qui précède, ils doivent définir et prescrire le cours, l'enseignant devient le concepteur. Dans le cadre d'un plan de travail phases semi-autonomie, le contenu multimédia, le professeur de langue doit aussi apprendre le rôle de directeur de l'apprentissage approprié, il doit connaître et contrôler les médias avec lesquels les étudiants seront appelés à travailler. La particularité des sites de CD ou web est de créer un monde virtuel se compose de plusieurs unités, l'enseignant doit être capable de passer de «l'unité du tout, pour déterminer les moments d'apprentissage plus adapté à l'utilisation de tout ou partie de ces moyens tenant compte des besoins et le rythme d'apprentissage des élèves. L'enseignant doit maîtriser le contenu et la navigation du multimédia et de jouer le rôle de conseiller ou d'un tuteur, depuis que soutiendra les diverses tâches et activités pendant les sessions en semi-autonomie. Ce rôle détermine les différentes fonctions à connaître et à apprécier du public, élaborer un programme d'études et le programme correspondant, trouver l'outil, l'adéquation et la mise en œuvre. exige une connaissance des outils et des réseaux de connaissances pour accéder à la connaissance de ces outils. Il doit aussi gérer l'équipement et des espaces de formation, d'être un gestionnaire d'espaces multiples Ces rôles doivent être accompagnés par des stratégies appropriées de cohérence dans le travail éducatif. Pour Porcher[5] "La méthode de l'approche communicative définit également de façon originale la relation entre l'enseignant et l'apprenant. L'enseignant doit motiver, guider et encourager l'acquisition et au cœur de ce processus, les tiges avec leurs propres styles d'apprentissage.

---

[5]PORCHER, Louis (2004). *L'enseignement des langues étrangères*. Paris, Hachette Éducation.

Qui est le professeur de langue?

Répondez à la question "Quel est le rôle / quels sont les rôles de l'enseignant de langue?" Moyens de répondre aux questions «Qui est le professeur de langue? Qu'est-ce que vous enseignez (la langue Oui, mais quelle langue? Grammaire Oui, mais ce que la grammaire?) Et comment enseigner? "Rappelez-vous il y a quelques années, à la fin d'un cours, Elena, une étudiante m'a remis un billet permettant Je l'ai remerciée pour ses efforts dans la préparation des leçons. Sur la couverture a été imprimée une caricature d'un enseignant: un visage souriant, lunettes et un énorme CD dans ses mains. Fait intéressant, le texte qui accompagne le motif: "Vous êtes un acteur, vous êtes un architecte, vous êtes un psychologue, vous êtes un travailleur social, vous êtes un spécialiste de la langue, vous êtes un agent de relations publiques, vous êtes un parent de substitution, vous êtes une encyclopédie à pied, six ont un bouc émissaire ... »Et ainsi de suite, jusqu'à la conclusion qui a lu quelque chose comme ceci:" Vous êtes juste un enseignant "C'est en fait le cas: l'acte d'enseigner implique une telle complexité des synergies, des actions, des techniques, des stratégies, attention , qui ne peut être réduite à une simple «expliquer».L'enseignant est un expert: l'enseignant sait. Le professeur de langue ne comprend que le langage et la culture qui transmet dans la salle de classe et dont il / elle - en particulier lorsque l'étranger est un ambassadeur / ambassadrice. Par ailleurs, l'enseignant a des compétences pédagogiques qui auraient été alliés avec les années, à travers l'expérience de l'enseignement et de la mise à jour constante. En d'autres termes, il est capable de mettre en place des stratégies et des techniques qui favorisent, et d'améliorent l'apprentissage. Il est alors un éducateur, et son ex-ducere a pour but l'autonomie et l'auto-direction de l'apprenant, est-ce un «chef de file».

On pourrait (donc) dire que chaque cours de langue est réussie quand, en plus de la compétence communicative, nous atteignons la compétence glottomatetica: les élèves ont eu l'occasion de réfléchir sur leurs propres styles d'apprentissage. Enfin, le professeur, bon gré mal gré, il doit jouer le rôle d'un médiateur culturel, un animateur du commerce, un promoteur du relativisme culturel: il transmet «mots communs» (la fête traditionnelle, le premier amour, le jeu favori, les voyages, etc.) afin de «mondes différents» pour s'ouvrir à l'autre, dans une atmosphère de respect et compréhension. L'enseignant sait qu'il ne sait pas. C'est un geste profond, une honnête attitude. Honnête est d'admettre qu'on a tort quand on fait une erreur, corrigez-le, ainsi que s'engager à consulter les questions de grammaire face en laissant dans le doute. Mais il y a plus. D'une part, la «connaissance de ne pas « savoir» conduire à un apprentissage collaboratif (en particulier dans l'enseignement des micro-langues). L'enseignant est le «commandant»: il gère, il reconnaît les fonctions qui lui sont confiées: de l'organisation de l'espace à l'analyse de l'activité, à la formation de couples à l'attribution des rôles. Un enseignant doit être capable d'empathie. Un enseignant est sympathique quand il aime faire ce qu'il fait. Un enseignant est empathique lorsque garde toujours à l'esprit l'état et le point de vue de l'élève: «Comment puis-je me comporter, si j'étais un étudiant d'une langue étrangère, en face de cette activité" Il est important que les efforts des étudiants seront reconnu et que ses erreurs[6] sont conçues comme une étape clé (physiologique, et non pathologique) de la construction de la langue. Certains moyens pratiques (par exemple, ne va pas pour corriger un élève au cours d'une production libre oral on ne met pas l'étudiant sous «l'œil du taureau quand la prononciation n'est pas correcte, etc.). L'enseignant sait de son côté, comme un bon metteur en scène, une fois donné des instructions et exécuter les conditions nécessaires à l'activité individuelle et / ou l'échange égal, il peut intervenir pendant ou à la fin de l'activité, et toujours à la demande de l'étudiant.

---

[6]Corder, S.P. 1967 "The Significance of Learners' Errors"in Richards, J.C. 1967.

Un professeur de langue est un chercheur[7]. Il peut être original et ouvrir des nouvelles voies, il sait comment intégrer les activités avec des idées éprouvées qui viennent de l'expérience, il reconnaît les ressources offertes par les nouvelles technologies et il estime que tous les enseignants (pas seulement des langues) devraient entreprendre un processus de formation personnelle.

---

[7]Dakin, J. 1973 LanguageLaboratory et l'apprentissage des langues, Longman Humphris, C., Luzi

Matériaux authentiques

Comme Gillian Brown[8] affirme, également dans son livre l'écoute de l'Anglais parlé, que seulement les derniers décennies on a abandonné la tradition de mettre l'accent sur l'enseignement de la langue écrite dans l'enseignement des langues étrangères. Conditions historiques et politiques ont changé, mais surtout sociales et économiques ont nécessité une plus grande préparation dans le langage oral. Dans l'enseignement des langues étrangères a été créé, cependant, un nouveau déséquilibre. Il est donné beaucoup plus d'importance à la capacité de produire de la langue, que de celui de la compréhension de la langue. On a supposé que les étudiants venaient de comprendre la langue parlée à la façon «naturelle», progressivement développé une plus grande capacité dans la production du langage oral. Mais mon expérience et celle de beaucoup d'autres, ne peut prouver l'absence de fondement de cette supposition. En fait, tout en exprimant d'une manière plus compréhensible dans la langue étrangère parlée, vous vous sentez frustré et en grave difficulté quand il s'agit de comprendre les messages de la langue étrangère parlée authentique. Les compétences en compréhension orale, comme la production, doivent être développées avec un soin particulier. Vous devriez mettre l'élève beaucoup plus que vous rencontrez actuellement en contact avec la langue orale. Par conséquent, l'enseignant doit passer plus de temps en classe pour des exercices d'écoute de la langue étrangère et d'avoir une plus grande quantité et variété de matériaux d'écoute. Sur la qualité et la nature des matériaux il faut faire, quelques considérations importantes. Si nous regardons la communication orale, nous nous rendrons compte que la prononciation n'est pas qu'un aspect de celui-ci (bien que dans l'enseignement de parler la langue, nous avons tendance à donner à la prononciation, ainsi qu'à la grammaire, la plus grande importance). Si nous écoutons une conversation «normale» chez les locuteurs de la même langue maternelle, nous nous rendons compte que la langue est pleine d'interruptions, faux départs, des "erreurs" de restructuration syntaxique des phrases laissées à moitié. Nous découvrons comment les intervenants gèrent la conversation pendant le temps d'organiser ses pensées, de corriger ce qu'ils ont dit, mais n'ont pas donné la parole à d'autres. Nous allons voir que pour ce faire ils utiliseront marqueurs discursifs (par exemple "Bon", "Fait", "maïs", "puisque", "bien?", Etc.) Soit en contrôlant la conversation avec des répétitions syntaxiques et lexicales. On remarquera l'importance qu'ils ont pour déterminer les significations, les éléments phonologiques tels que le rythme, l'intonation et l'accent. Et pourtant, comment vous pouvez identifier et définir les attitudes émotionnelles d'autres éléments tels que le volume, la vitesse, la hauteur de l'ordre de la voix que le reste du discours, etc. ? Tous ces aspects de la communication orale, bien sûr, avec la prononciation, en font la langue si difficile à comprendre pour un non-Autochtone. Comme l'écrit Augusto Lamartina[9] : «Lorsque nous sommes confrontés à de comprendre le langage naturel dans toute sa complexité."Quand nous entendons parler une langue que nous n'avons aucune possibilité de contrôle. Nous ne pouvons pas penser un seul mot ou d'écouter de déguster un pas claire. Vous devez comprendre immédiatement, même si peut-être les conditions d'écoute ne sont pas optimales. Donc, si nous faisons écouter à nos étudiants des dialogues construits "à des fins pédagogiques», ce qui est artificiel dans de nombreuses régions et enregistré dans des conditions acoustiques idéales, comment pourrions-nous (pas) aider l'élève à développer sa capacité à comprendre les messages qui passent par la langue parlé lorsqu'il est utilisé dans la communication ordinaire. En conclusion, dans nos cours, nous devrions prendre davantage en compte le fait que nos élèves s'ils parlent dans une langue étrangère, doivent également être des auditeurs et donc dans la position d'avoir à comprendre des messages oraux authentiques. Nous devons, par conséquent, assurer le développement de la capacité de l'élève à comprendre le langage parlé sans tourment par rapport aux autres compétences linguistiques.

---

[8]Gillian Brown, l'écoute de l'Anglaise parlée

[9]Augusto Lamartina[9]Lend, Janvier 1979

En choisissant le matériel doit fonctionner de manière à soumettre les chansons d'étudiants qui contiennent tous les aspects de l'authentique de la communication orale, ce qui est normal, les locuteurs natifs. (Plus l'étudiant sera en contact avec la langue réelle, mieux c'est. Sa progression sera seulement une question de temps passé à pratiquer, comme avec n'importe quelle autre compétence.) Plus l'étudiant sera en contact avec la langue réelle, plus sa progression sera accomplie et sa marche en avant dans l'apprentissage de la langue, ainsi que les autres compétences, sera une question de temps.

Enseigner par compétences

Le module peut être comprise comme la progression spatio-temporelle de l'organisation d'un programme ou d'un épisode de formation de structuration qui comprend une couverture hautement intégré de sujets étroitement liés les uns aux autres sur la base d'un problème de convergence, la logique et / ou de procédure. Selon Domenici[10] un module représente «une partie importante, très homogène et uniforme, une forte concentration et la structuration conceptuelle d'une formation plus large. Chaque module vous permet d'effectuer la formation des fonctions spécifiques pour atteindre des objectifs spécifiques vérifiables (cognitive), documentés et capitalisés, exige également la modification des réseaux de concepts qui sous-tendent état de l'objet d'apprentissage. " La vérification des objectifs d'apprentissage spécifiques (enseignement par objectifs et la taxonomie de Bloom: connaissance, compréhension, application, analyse, synthèse) caractérise le scan modulaire. La vérification intermédiaire et l'évaluation sommative à l'allocation du crédit dans l'acte de passer le module à l'aide de l'évaluation des connaissances et des compétences relatives au contenu du volet éducatif, constitue la structure organisationnelle du système modulaire. Chaque module correspond à un objectif pédagogique spécifique, car il reflète un choix de l'inclusion et de l'exclusion d'éléments de connaissance et de formation plus généralement d'un type particulier (comme du texte, les contextes, d'autres matériaux documentaires ...) patrouillant un calendrier artistique bien détaillé ou un segment du chemin curriculum. Le module n'est pas simplement une unité d'enseignement, il existe des différences fondamentales.

L'unité d'enseignement peut être la section d'un formulaire, elle est identifiée par une partie de la programmation logique purement séquentielle.
Son articulation est analysé dans :
-**Pré-requis**: Analyse des points de départ et leur évaluation (tests ou à travers des entretiens individuels, des activités de groupe).
-**Analyse de rédaction des objectifs de discipline** : c'est-à-dire les objectifs cognitifs, la vérification des connaissances acquises; les objectifs opérationnels, en termes de compétences observables et démontrable;
-**Méthodologie**: mode de communication et des normes de comportement introduisant des éléments de rationalité entre l'enseignant/apprenant.
-**Stratégies:** ensemble des méthodes harmonieusement reliés selon des principes bien des éléments liés précis. La connaissance où et qui agit de la décision (dont les objectifs à poursuivre) des moments opératoires (comment intervenir avec des stratégies différenciées pour tourner dans un sens déterminé une activité pédagogique particulier).
-**Outils**: livres, logiciels, tests de vérification, de feuilles de support, de l'audiovisuel, le calendrier de développement de l'unité d'apprentissage, nombre de classes, nombre d'essais, la numérisation des exercices, en alternance cours / opération /vérification, le calendrier de celles finaux et intermédiaires;
-**Evaluation:** la formation (critère- objectif) récupération, l'évaluation sommative.

---

[10] Domenici Gaetano,Manuale dell'orientamento e della didattica modulare 2009, *Laterza*

Les objectifs pédagogiques et les objectifs culturels

Les objectifs pédagogiques sont en quelque sorte les jalons de la programmation. " Un objectif est la description d'une performance que les élèves doivent être en mesure de prouver, d'une manière évidente et convaincante, démontrer d'être reconnu compétent. (décrit, c'est à dire le résultat que «l'éducation vise plutôt que la méthode d'enseignement[11] » _Un cadre clair et concret objectif est important pour au moins trois raisons: étendu la compétence communicative et, à l'inverse, il peut y avoir aucune compétence communicative sans la dimension linguistique. Pour être en mesure d'interagir d'une manière appropriée on doit avoir :
-**Une compétence grammaticale**, c'est à dire la capacité de comprendre et de produire des structures morphosyntaxiques, lexicales et phonologiques correctes;
-**Une compétence sociolinguistique**, c'est à dire la possibilité de sélectionner les bons formulaires les plus appropriés dans un contexte de communication donnée;
-**Une compétence stratégique**, à savoir la capacité à organiser des discours capables de répondre aux objectifs communicatifs. Lorsque vous spécifiez les objectifs linguistiques communicatifs, il est de coutume de se référer aux quatre compétences base (écouter, parler, lire et écrire) qui se réfèrent au même programme décollage, la distinction entre les compétences réceptives et productives, mais de recommander leur harmonique développement, tandis que les programmes de l'école élémentaire fournissent, au moins au début, une prévalence de l'oral à l'écrit. Si la référence aux quatre compétences de base est certainement droit lors de la fixation d'enseignement par objectifs, il faut néanmoins tenir compte du fait que de nombreuses compétences linguistiques ne tombent pas précisément dans ce schéma , plutôt que d'être intégré compétences .Le type le plus commun de texte oral , le dialogue , et un de ces « compétences intégrées depuis qui comprend les activités d'écoute et de parler, afin de prendre des notes tout en écoutant une conférence , parler la suite d'un procès-verbal et ainsi de suite . Donner plus de poids aux compétences écrites ou orales, les capacités réceptives plutôt qu'actives sont des choix qui doivent être combinés avec «l'âge des apprenants, à leur niveau de compétence de leurs besoins spécifiques. Ce sont ceux qui soutiennent que les cours l'apprentissage des langues devrait inclure une phase initiale exclusivement orale, et qui au contraire, il dit que les activités d'écriture aident à réfléchir sur les structures de langue et des Langue, et ainsi favoriser le développement de toutes les capacités. Nous pensons que les heures de début activités écrites plutôt que par voie orale sont déterminées par la familiarité avec «l'alphabet apprenants et de leurs besoins spécifiques , ce qui peut parfois prendre de fixer des objectifs concernant les compétences réceptives en particulier plutôt que la langue de production ou écrite plutôt que par voie orale, et pas de doute que dans l'enseignement obligatoire , que ce soit pour la formation , à la fois parce que je sais rarement comment les enfants passent leur compétence linguistique , il est généralement souhaitable d' un développement équilibré de toutes les capacités .Avec des jeunes enfants , cependant, pas encore tout à fait sûr de «l'utilisation de la langue écrite en L1 , il est bon se poser en premier lieu des objectifs qui favorisent l' oralité , aussi parce qu'il est plus naturel que le premier impact avec une L2 se produit avec le son, car le son est la question primordiale de toutes les langues . Ce genre de choix est alors plus approprié pour les enfants qu' en Italie , la « possibilité de fixer des objectifs visant à le faire sortir pour les refaire jouer dans la salle de classe et le connecter à la propositions d'activités de réflexion sur le langage didactique structurés , par un apport technique et différent , cela n'empêche pas , mais plutôt de promouvoir l' apprentissage.

---

[11]Robert F. *Mager*, Gli *obiettivi didattici*, Giunti & Lisciani, Firenze, *1989*

Toujours à partir des indications sur les programmes actuellement en place, de l'école intermédiaire rappellent la vocation culturelle est forte. Si ceux de l'école primaire montrent comment l'un des trois objectifs " Lancer la ' élève à travers l'instrument linguistique , compréhension des autres cultures et d'autres peuples » (et non pas cher) , ceux des élèves de collège pour stimuler recommande comparer leur réalité avec celle des autres pays de la société contemporaine et de l'État que « L'étude d'une civilisation étrangère ne doit donc pas être comprise comme un simple apprentissage compréhension de l'histoire ou de la géographie , mais aussi une prise de conscience des valeurs socio- culturelles et les coutumes des autres communautés qui utilisent la même langue et par le biais de documents authentiques à courant et la vie quotidienne . Nous sommes certainement d'accord sur le fait que le but de l'enseignement d'une langue ne peut pas être seulement de développer la compétence linguistique et communicative, mais aussi de développer une certaine connaissance de la culture étrangère. Langue et culture sont inextricablement liées , comme dans la culture d'un peuple , composé de la langue , les croyances , les coutumes , les traditions , l'art , l'histoire , souvenirs collective , la technologie , la langue occupe une place particulière , en étant en même temps produit et véhicule de la culture du peuple . Et nous sommes également convaincus que dans un environnement multi -l'appartenance ethnique, comme c'est maintenant la société italienne, il est indéniable que l'école, et principalement à travers l'étude objectifs de développement langue étrangère, devrait être poursuivi inter culturalisme compris comme la capacité à tolérer et à apprécier les différences, développant ainsi le concept fondamental de la relativité culturelle. Mais ce que nous voulons souligner, c'est que ces objectifs sont liés à une croissance personnelle qui couvre toute une vie. Ils ne peuvent pas entremet donc en tant que tel, dans leur abstraction et l'immensité des objectifs pédagogiques d'un programme. Doit être analysé et disséqué dans leurs composantes et ces éléments convertis dans le même objectifs concrets et réalisable dans le court laps de temps alloué à des cours de langue dans une année scolaire, en tenant compte de «l'âge des élèves et le niveau de connaissance de la culture leur propre. Si nous voulons fixer des objectifs concrets et efficaces, il est important que leur formulation répond à ces questions : Qu'est-ce que je veux que les élèves soient capables de faire ? Ce sont les conditions dans lesquelles je veux agir? ; Avec quel degré d'élèves de compétences doit se comporter parce que je ne suis pas satisfait ? Vous pouvez par exemple commencer à partir de la simple connaissance des modes de vie d'autres, en essayant d'éviter le risque de proposer des stéréotypes habituels ou images homogénéisées. Quand il n'existe pas de définition claire des objectifs, il manque la base pour le choix du contenu, matériaux et les méthodes les plus appropriées; Il est impossible de faire les vérifications correctes , qui nous informent vraiment sur le degré de réalisation les objectifs d'un cours de l'étude, si vous ne savez pas très bien quels sont les objectifs que nous partîmes ;Une définition claire des objectifs , dont les élèves peuvent prendre conscience aussi , donne aux élèves la possibilité d' organiser leurs efforts et de travailler avec la conscience pour rejoindre leurs objectifs. Nous avons dit qu'il est important d'avoir un " établissement d'objectifs clairs et concrets " et nous voulons mettre l'accent sur le sens et l'importance du concret. Les objectifs linguistiques et cognitifs. Les programmes de l' école primaire font explicitement référence aux fins de l'apprentissage des langues et la formation cognitive , qui sont mis en œuvre à travers une réflexion sur la langue ou la réflexion métalinguistique Les activités de réflexion métalinguistique n'ont pas seulement pour but de présenter les apprenants le fonctionnement régulier de la langue cible , mais surtout à faire réfléchir pour conduire à une prise de conscience de l'efficacité d'une phrase dans une langue étrangère . Les activités de réflexion métalinguistique sont largement cognitives ainsi que linguistique, car on peut dire qu'ils visent à vous apprendre à apprendre une langue qu'enseigner la langue elle-même. En termes de l'élaboration d'objectifs concrets est de proposer amener les élèves à observer, réfléchir, comprendre, sériaire, de catégoriser la caractéristique langue, découvrir les règles, même à titre provisoire et partielle, de favoriser la capacité de faire au courant de la progression de leur apprentissage. Parlant des activités de réflexion métalinguistiques Parler, ne veut pas dire carrément activités grammaticales, et, dans le contexte de l'apprentissage entraîné, le poids et les caractéristiques de la même varient avec la variation de la population des apprenants, en particulier chez les enfants

de dichotomie ou adultes. Titone[12] signale la possession par enfants non encore scolarisés dans une prise de conscience de la langue sur les mécanismes de production de mots et de phrases, comme la connaissance informelle « intuitive » généralement intériorisé à travers le processus d'acquisition spontanée de leur propre langue. C'est une prise de conscience totalement indépendant des interventions pédagogiques explicites .Plusieurs auteurs préconisent l'hypothèse qu'il ya, cependant, dans tout apprenant, une espèce de filtres métalinguistiques à travers lesquels l'apprenant perce voit consciemment l'apprentissage et au moyen de laquelle la même langue est systématisée, bien souvent si déformée ou erronée. Bien que ce phénomène est plus marqué chez les adolescents et les adultes ont reçu une formation dans la grammaire, n'est pas tout à fait étrangère aux enfants ou à ceux qui ont une formation grammaticale pauvres. Dans la pratique de cours d'enseignement adressée aux travailleurs immigrés italiens a été montré que, même à court scolarisé l'utilisation de ces filtres et que donc « l'action de l'enseignement ne peut être négligée ». Les limites de ce travail ne nous permettent pas d'habiter dans d'autres considérations et détails à ce sujet, qui, cependant, est traité spécifiquement dans la deuxième partie de ce texte, à laquelle nous renvoyons le lecteur. Nous pensons, cependant, que même avec les enfants et avec les enfants doit être prise en considération l'existence d'une activité métalinguistique d'une manière indépendante de l'apprentissage par l'action, et retrouve très souvent dans le matériel pédagogique, et de tenter de donner entrée, agit en stimulant l'observation, la réflexion et la participation des élèves. Une fois que les élèves ont acquis des connaissances des aspects culturels, ses gens pour lesquels l'étude de la langue, vous pouvez fixer des objectifs qui visent à induire une comparaison entre leur culture (qui en tout cas doit être favorisé la sensibilisation) et les «autres qui apprennent à savoir. Pour arriver à une véritable «conscience» d'une autre culture, le voyage est long, mais passe certainement par la connaissance. Sur cette connaissance, nous pouvons travailler avec la compréhension que:
-L'enseignement de la culture favorise l'appréciation de la culture étrangère et il fait prendre conscience des différences et similitudes entre la culture maternelle et la culture étrangère.
-L'enseignement de la culture étrangère favorise la compréhension de la culture autochtone.
-L'enseignement de la culture étrangère favorise l'acceptation et l'intégration culturelle.
-L'enseignement de la culture étrangère augmente la motivation et la compétence communicative des étudiants.
-L'enseignement de la culture étrangère encourage le développement de la pensée critique.

---

[12] Titone-Introduzione alla psicopedagogia del linguaggio, 1985

Définir le contenu

Les critères de sélection. - Alors que le débat pédagogique parfois la tendance à négliger le contenu et à favoriser les méthodes, les technologies, etc., dans la planification de l'enseignement des langues à l'étranger il est d'une importance centrale pour établir qui et combien de mots, les significations, formes et structures de la langue que nous voulons et nous pouvons vous apprendre à réaliser les objectifs nous avons proposé, dans le temps dont vous disposez, avec les élèves que le destin nous a donné. Un vient de faire une sélection de matériaux à mettre en jeu et de déterminer lequel d'entre eux doit être présenté en premier et qui, plus tard, selon une fonction de gradation, qui nous le verrons dans la section suivante, qui peut se traduire dans l'enseignement de l'apprentissage, et apprendre à se manifester dans les comportements verbaux sont adéquats et efficaces. Étant une langue d'un système de dispositifs pour lesquels les différents éléments sont reliés par une structure réticulée, il ne se prête pas à être divisé et triés dans la séquence linéaire d'un programme, comme indiqué dans le paragraphe concernant le langage de programmation du chapitre. Mais comme il est impossible de présenter et enseigner une langue dans son ensemble et pour enseigner plus dans de courtes périodes de temps nécessaires des heures de classe par semaine , en fixant le contenu morphosyntaxique , lexical , etc. fonctionnelle . Planification est nécessaire de faire une sélection. Le «champ d'application de la sélection de l'apprentissage des contenus d'enseignement / langue est très large et est bien décrite par Besse et Porquier (1985 : 131[13]) " Une sélection peut porter sur le« niveau de langue » que vous voulez enseigner , le type de discours que répond le mieux aux besoins des apprenants, des documents ou des échantillons des actes de langage cible à susciter leur intérêt , les mots et les structures qui sont considérés comme les plus utiles (...) , les concepts et les fonctions de communication qui sont considérés comme des priorités pour les utilisations que les élèves prendront l'apprentissage des langues (...) . Cette sélection définit une « partie » de la langue enseignement / apprentissage et il est toujours, de ce fait, une certaine représentation ". Puis vint le temps de décider concrètement ce que nous voulons enseigner (comme structures, telles que les formes, quels mots, quelles significations), ce que nous voulons et nous pouvons enseigner (Combien de structures, combien de formes, combien de mots, combien de significations) et puis étrangère définissez les critères sur lesquelles axer la sélection étrangère. Certainement une sélection efficace doit être fondée sur des critères : la fréquence, l'utilité et le contenu.

Il y a aussi, dans toutes les langues vivantes des expressions et des formes d'usage quotidien qui sont fréquemment utilisé, en raison de la couverture plus large et donc durables dans la plupart des situations différentes. Pour le lexique, en particulier, il y a les listes de fréquences de base et des vocabulaires qui sont importants. Le critère de fréquence est étroitement lié à celui de l'utilité : un mot ou d'une structure sont communs parce qu'ils sont utiles. Il y a, cependant, des éléments généraux, d'intuition simple et facile à partager. Nous croyons que personne ne doute qu'un mot comme stylo désigne quelque chose que vous pouvez voir et qui fait partie de l'expérience quotidienne des enfants, il est plus facile d'enseigner un mot comme «croyance», qui nécessite une explication complexe, de nombreux exemples, et ainsi de suite. Comme ils sont plus difficiles à enseigner ces structures qui nécessitent une forte mémoire de réélaboration de charge et l'application de plusieurs règles. D'autres facteurs qui influent sur l'enseignement d'éléments linguistiques peuvent être liés à la contrastivité, que la similitude ou la diversité des formes et des structures de L2 par rapport à L1 , « tout âge » des apprenants, il sera le «professeur, avec sa sensibilité et professionnalisme, pour les faire sortir et jouer dans l'équilibre délicat de choix de contenu disponible.

Les critères de progression. - Même si il y a ceux qui nient l'importance d'établir une progression dans le contenu de l'enseignement, pour des raisons triviales que ceux-ci ne peuvent pas être appris que par la suite et progressivement. La différente progression s'appuie sur l'hypothèse que les enfants et

---

[13]BESSE H., PORQUIER R., (1984), *Grammaire et didactique des langues*, Paris, CREDIF-Hatier, Collection LAL.

les adultes apprennent les formes, les significations, fonctions et actes d'une langue étrangère en particulier grâce à des interactions sociales dans lesquelles ils sont impliqués, et l'ordre d'acquisition de ces formes dépend des progrès accomplis par eux dans participation active à ces interactions.

Nous croyons, cependant, que dans un apprentissage formel contexte progressivité, caractéristique qui marque toute forme d'apprentissage, il faut absolument ignorer le contexte de la matière d'immigration , dans lequel les enfants et les adultes apprennent la L2 par constante interaction avec des locuteurs natifs , sont tout sauf des preuves de bons résultats . Un soutien fort et la clarification de la notion de progression est par Mackey : Il est important de l'ordre de la matière ? Si la langue est un système et non une liste de mots ou une collection de clichés[14], il est très important : cela signifie que nous pouvons commencer à n'importe quel moment ou l'une quelconque chose parce que, à vérifier dans un système, tout est lié à l'autre, est compatible avec l'autre, et dépend de l'autre. L'enseignement d'une langue, par conséquent, des moyens d'enseigner un système expansion. Pour obtenir cette expansion il est nécessaire que tout est maintenu en fonctionnement; et parce que toutes les fonctions doivent être connectées. Tout ce qui est ajouté, il doit avoir une certaine relation à ce qui a précédé ; devraient être utiles pour enseigner et utile pour enseigner, et doit être disposé de manière que la partie de la langue la plus facile à apprendre pour aider enseigner la partie la plus difficile. " Très souvent, en l'absence de données précises sur la sélection et l'évolution de la teneur du cadre du programme et en l'absence d'outils professionnels pour définir une structuration dans la programmation, les enseignants s'appuient sur les manuels scolaires. Les matériaux structurés pour l'enseignement des langues étrangères ont en fait , presque toujours , une distribution de contenu culturelle et linguistique déjà emballé en chapitres, des leçons ou des unités d'enseignement et qui pensent à tort qu'il est, pour cette raison , efficace et incontestable. Cependant, il n'est pas toujours vrai que les livres de texte proposant une sélection et la progression des éléments linguistiques et culturels qui respecte les critères pédagogiques. Un réglage de la teneur de l'enseignement et de réfléchir sur les critères de sélection et la progression, on a donc l'avantage d'offrir une sorte de grille d'analyse des manuels scolaires qui nous permettront de les utiliser avec une attitude critique, donnant un ordre différent de ses unités , l'intégration , la suppression et ainsi de suite. À cet égard , il est nécessaire de souligner que les méthodes et le contenu sont deux choses différentes et que ,quelle que soit la méthode par laquelle vous y arrivez, là l' objectif principal de l'apprentissage d'une langue étrangère est l' internalisation de la grammaire de l'étudiant de la langue , puisque c'est la grammaire qui transforme une série déconnectée de mots dans un texte : " La grammaire, dit Slobin est parmi les sons que nous entendons ou prononçons et les significations qui leur sont associer . "Les éléments grammaticaux qui, à ce stade, avec les apprenants, il poursuit. L'internalisation, des dispositions seront prises. Quand je prépare à intérioriser les règles d'utilisation des temps anciens, je ne peux pas ignorer la nécessité d'établir un contenu comme l'imparfait, le passé récent, l'utilisation d'adjuvants, etc. du participe passé, et la nécessité qui en découle de décider ce qu'il faut enseigner avant et après la maison. Ce n'est cependant totalement indépendant des choix méthodologiques pour rendre explicites les règles, mémoriser inflexions des verbes, proposer des exercices tel stimulus / réponse, proposer et utiliser des exercices oraux ou écrits et ainsi de suite. En ce qui concerne le lexique, en plus des critères de base de l'utilité et de la fréquence et que la définition de la même sera liée à l'âge et aux intérêts des élèves, les situations de communication à travers

---

[14]Mike Long,*Français dans le Monde*. 291, p. 60-65. Paris, Hachette.Second Language Acquisition and Task-Based Language Teaching

lesquelles l'enseignement sera réalisée. Et cependant, il doit veiller à ne pas se déplacer trop vers des situations d'enseignement, peut-être qu'ils peuvent être très motivant comme les contes de fées pour enfants, mais qui impliquent l'acquisition de compétences linguistiques de base et donc pas durables, en particulier dans l'avenir. La tendance de l'enseignement des langues est axée sur l'ensemble du programme sur la base des fonctions et de l'approche pédagogique notionnelle - fonctionnelle, il convient de prévoir entre les contenus d'enseignement, en donnant la priorité d'année en année, et dans la même année, de mois en mois. Vous pouvez décider, par exemple, à traiter, depuis le début des années tout ou la plupart des fonctions qui visent à développer l'aspect communicatif. Dans ce siècle ont été traités par la plupart des linguistes, différents modèles de type fonctionnel. Un modèle proposé par Balboni : Fonction personnel, fonction interpersonnelle, fonction de régulation fonction référentielle, fonction métalinguistique.

Comme autre exemple, nous indiquons, fonction par fonction, certains actes de communication par l'intermédiaire duquel ils sont réalisés.

- La fonction personnel est assurée par des actes de communication : se présenter, décrire la leur apparence physique, décrire votre personnage, dire votre âge et ainsi de suite.
- La fonction interpersonnelle est assurée par des actes de communication : la santé, l'offre, accepter ou rejeter quelque chose, remercier, s'excuser, ouvrir et fermer une conversation, une lettre, etc.
- La fonction de régulation est effectuée par des actes instrumentale de communication tels que donner et recevoir ordres et des instructions pour aller d'un endroit à l'autre, trouver quelque chose, assumer un certain comportement, les instructions de décodage et des avertissements écrits pour créer une douce, planter une ampoule, construire un petit objet et ainsi de suite.
-La fonction référentielle est assurée par des actes de communication, interroger et donner des informations, raconter une histoire, une aventure, une histoire, etc. La fonction est réalisée grâce à des actes de communication poétiques et imaginatives telles que la fabrication d'une histoire, décrire des épisodes et des endroits fantastiques, de construire aire de jeux rime, comptines, etc.
- La fonction métalinguistique est obtenu grâce à des actes de communication qui décrivent les différents phénomènes linguistiques, donner des définitions, parler de leurs niveaux ou des difficultés d'apprentissage[15], etc. Les éléments culturels. Tout le monde sait que dans l'enseignement / apprentissage d'une langue les affaires étrangères peut ne pas être considéré comme la culture dans laquelle cette langue est un véhicule et que la langue et la culture ne sont pas des moments de préoccupation distincte. Mais en dépit de cette reconquête par les aspects culturels de leur siège au premier rang payable dans un programme de langues étrangères, l'enseignement reste de nombreux problèmes liés à un pas une combinaison facile entre la langue et la culture, il est important d'être conscient d'eux. Alors qu'il est facilement transportable dans une classe de langue, une culture étrangère n'est pas. Si vous peut être introduit dans la classe de représentations partielles de fragments des objets, images et des discours. La constitution de la culture de l'objet, dans un programme, il est très plus complexe que la langue, comme il n'y a pas la grammaire de référence et représentativité d'un bien culturel n'est pas un instant donné .Il est donc très facile de tomber dans le milieu dans le plat et à la fin dans les stéréotypes les plus banales et perdre ainsi de vue les véritables objectifs et les avantages de la culture de l'apprentissage. Aujourd'hui , dans la plupart des matériaux pour l'enseignement d'une langue étrangère pour les enfants , mais souvent dans ceux de l'école intermédiaire enfants , le dialogue modèle d'unités d'enseignement , sont centrés sur les situations qui pourraient en théorie être ressentis par les enfants partout dans le monde (l'anniversaire, école , chien , Noël, etc. .) , mais sont en fait des situations « sous vide » ,homogénéisé et non ancré à tout type de béton temporelle, spatiale , géographique ,social, affectif .Dans d'autres types de matériaux, de culture , également appelés civilisation , il est proposé , séparément , à la fin des unités de cours ou l'ensemble du manuel. Dans ces cas, les «notions de

---

[15]*Inglese, francese, tedesco: Modelli operativi* (a cura di P.E. Balboni, M. Bondi, O. Chantelauve e F. Ricci Garotti) Brescia, La Scuola, 1988

civilisation », qui sont généralement des images stéréotypées de la géographie du tourisme, des plates typiques, des modes, des festivals, et peu ou informations fragmentaires de l'histoire et de la géographie, n'ont jamais aucun rapport avec le dialogue ou autre entrée et les activités langagières. La séparation est soulignée par le fait que le langage utilisé dans les pages de la culture n'est souvent pas facilement accessibles aux enfants, tant et si bien qu'il arrive souvent que les enseignants présentent un contenu culturel en L1. Les contenus culturels sont une sorte d'appendice mort, séparé du moment des activités langagières, dont vous ne comprenez pas, surtout par les jeunes, les valeurs de l'utilisation, qui exiger un grand effort de mémoire pour eux et le roi appris subira une usure rapide. Apprendre une langue étrangère ne peut pas être réduit à un jeu formel , qui n'offre pas un stimulus à la réflexion sur les implications des droits affectifs , sociaux et culturels qui sont inhérents à l'utilisation de la langue elle-même et en tout cas qui met un frein à la spontanéité , le naturel et la créativité ces utilisations. Et pour ne pas être un jeu formel, l'apprentissage de la langue que vous avez à l'appui de contenu culturelle, la compréhension de la culture, non pas comme « notion apprise ", mais selon sa plus large sens anthropologique, la culture et tout ce qui n'est pas la nature. Le choix des matières sera garder à l'esprit le développement évolutif des garçons et leur vie quotidienne, les situations choisies la planification globale de la classe, mais aussi les objectifs de la culture, fourni par des programmes et des langages de programmation ministérielle. Quelques règles pour le développement de contenu afin de disposer d'un outil pratique pour définir le contenu d'une programmation en L2.

Une langue a son propre objectif de la structure, il faut, cependant, tenir compte de la psychologie de l'instant, de la situation d'apprentissage et comme la «grammaire» doit être conjugué. Ca veut dire donner un poids approprié aux aspects, aux besoins de motivation de la communication, donner des formes et des rythmes d'apprentissage typique de chaque fin de l'âge de l'évolution. Il faut considérer, les caractéristiques de l'évolution, l'environnement psychologique et social et ce qui compte les résultats des tests et questionnaires des groupes d'étudiants à qui les contenus linguistiques sont destinés. Vous devez décider "langue" nous voulons enseigner: le contenu de notre programmation doit être constitué par une base de formation linguistique, «neutre» à l'égard de toutes les possibles fonctions de la langue et le respect de toutes les variétés de langues (écrites, orales, quotidiennes, littéraires. Etc.) On doit hiérarchiser les fonctions et les variétés spécifiques?

Vous devez faire un choix et la progression des mots, des formes, des structures, des actes de langage, en tenant présenter les critères de fréquence, de l'utilité, de l'enseignement. Vous devez choisir les situations ou les sujets d'ordre culturel dans lequel enseigner les mots, les formes, les structures, les actes de langage: nous choisissons des situations qui sont utiles pour l'interaction sociale, qui donnent une représentation vraie et vivante d'une civilisation étrangère, et que, dans en même temps, prendre en compte les caractéristiques psychologiques et cognitives des élèves.

PRATIQUE

Schéma d'une programmation

L'enseignement du français dans les deux premières années doit conquérir, avec toutes les autres matières du programme, à l'acquisition des compétences clés de la citoyenneté. Étant donné que les quatre zones culturelles identifiées par le document ministériel représentent le tissu pour la construction de parcours de formation adaptés à l'acquisition des compétences clés et s'attend à ce que ces compétences sont à la base de consolider et d'élargir leurs connaissances (articulé dans les compétences et connaissances) , l'enseignement d'une langue étrangère tout en se référant principalement à l'une des quatre axe , c'est à dire l'axe des langues est intersections importantes dans les autres axes. Pour U.D. on entend la succession chronologique des phases à travers lesquelles on assure l'apprentissage et la reproduction d'un certain nombre de structures, de fonctions… et d'un certain contenu culturel véhicule par un texte bref avec des difficultés graduées, inséré dans une série d'autres textes qui le précèdent et le suivent et qui constituent le noyau d'autant de U.D.
Aujourd'hui l'U.D. constitue un des piliers de la didactique des langues étrangères.
Elle se compose de :
1. **SITUATION DE LA CLASSE** (niveau de départ) :
2. **OBJECTIF PEDAGOGIQUE** (transversal du conseil de classe) : exercer les élèves à la libre utilisation des fonctions communicatives dans des situations simulées : être à même de comprendre, de s'adapter à des situations particulières ou nouvelles.
3. **OBJECTIF SPÉCIFIQUE (D'APPRENTISSAGE) :** par ex.
   Savoir parler d'un évènement qui se déroule…qu'il vient de se passer, savoir relater etc.…
4. **CONTENUS LINGUISTIQUES** (FONCTIONS OU ACTES DE PAROLE –REALISATION CONTENU GRAMMATICAL).
5. **SUJET**
6. **MOYENS UTILISES** : Copies –livres –magnétophone-documents authentiques -CD-Rom-TIC
7. **TEMPS PREVU** : 2-3 heures (compris l'évaluation).

On prémet qu'avant chaque phase on fera le contrôle ou la vérification et le rattrapage à travers des exercices de reprise du lexique et des structures linguistiques. On cherchera à stimuler les élèves avec une introduction au sujet à travers une conversation sur l'image d'ouverture.

DEMARCHE DE L'UNITE

PHASE A
Pre-écoute à livre fermé.
Avant de passer à la lecture, on fait couvrir le texte écrit pour stimuler les élèves à formuler des hypothèses sur le contenu du dialogue en regardant les images.
On synthétise la lecture en utilisant le lexique et la grammaire.

PHASE B
Ecoute et contrôle de la compréhension.
On présente le dialogue à voix haute et avec un rythme et une intonation exacte ou on passe la cassette une/deux fois.
On invite les élèves à ouvrir le manuel et à se plonger dans la situation à travers l'analyse guidée des images.
On pose des questions très simples relatives au sujet pour vérifier la compréhension globale.
Qui sont les personnages ? Quel est l'argument principal ? Quelle est la fonction communicative ?
Type de registre…Exercices VRAI/FAUX, à choix multiple.

Ensuite, on invite les élèves ou débat et on fait écouter de nouveau le texte, on répète à l'aide d'un magnétophone.

On invite les élèves à relire à voix basse pour arriver à la compréhension analytique. Cela peut être contrôlée à travers la traduction et un questionnaire plus spécifique qu'on doit faire oralement en classe et par écrit à la maison.

A ce moment, on vérifie la propriété phonologique à travers des exercices de lecture ou la dramatisation en groupes, en respectant la prononciation, l'intonation. L'enseignant intervient à la fin de la lecture en mettant en évidence des fautes éventuelles, et en stimulant l'exercice (la répétition) de façon correcte, en faisant écouter de nouveau le magnétophone (exercice de fixation phonétique), après on passe ou dictée.

Dans cette phase, les élèves ont appris des contenus culturels, des expressions et des structures linguistiques et ils ont commencé à les utiliser, même si à niveau imitatif et répétitif.

PRESENTATION DU LEXIQUE ET DES STRUCTURES.

L'enseignant invite les élèves à reconnaître les structures nouvelles présentées

Dans le texte ; ensuite on présente la même structure avec des autres phrases et des exercices comme exemple. L'enseignant aide les élèves à reconnaître les nouveaux éléments lexicaux qui sont liés au contexte situationnel et communicatif. Les exercices pour mémoriser les mots nouveaux peuvent être : A) Rechercher avec le dictionnaire langues la signification des mots et la rapporter à une paraphrase explicative ; B) complètement des phrases (trou).

Pour contrôler l'acquisition du lexique :
A) Grille de discrimination lexicale,
B) questions libres,
C) Compléter des phrases.

PHASE C
EXPLOITATION OU LANGUE:

Cette phase est dédiée à l'apprentissage du système de la langue (grammaire).

REFLEXION GRAMMATICALE : méthode inductive (analyse, comparaison, synthèse).

On examine les phrases qui contiennent les novelles structures morpho - syntactiques du contexte linguistique ; on demande aux élèves, de façon inductive quelle est la nouvelle règle grammaticale et structurale présente. (Par ex. M/F, phrases interrogatives et énonciatives, phrases négatives et affirmatives).

PRATIQUE-FIXATION : Ce moment de l'U.D. servira à fixer, mémoriser une série de structures linguistiques et grammaticales. La pratique des structures et du lexique se réalise à travers 3 types d'exercices.

Exercices grammaticaux tout court (phrases à compléter, selon le modèle fourni ou en utilisant des images). Après avoir vérifié la compréhension correcte des instructions, on peut employer ces exercices oralement et ensuite par écrit ; ce travail est individuel.

MINI- DIALOGUES : Il s'agit d'échanges verbaux "très bref" (très court) qui ont une fonction selon le modèle donné et qui vient d'utiliser dans des autres situation, en utilisant les structures et le lexique appropriés. Pendant l'exercice l'enseignant contrôlera que l'exécution est correcte ; l'exercice terminé, des couples peuvent présenter à la classe leurs mini dialogues qui peuvent être fixés pour écrit même par toute la classe (en tenant présentes les situations de communication, les fonctions, le rôle des locuteurs, les variations du registre…)

EXERCICE DE RECONNAISSANCE : L'analyse des documents authentiques (cassettes, phrases de langue écrite, par ex. MENU, HORAIRES DES TRAINS, AFFICHES PUBLICITAIRES) qui à l'origine sont fait pour les français.

RÉEMPLOI : Il s'agit d'activités dans lesquelles l'élève utilise la langue pour un but réel (demander des renseignements, prendre des décisions etc. Dans cette phase, l'objectif est que l'élève désire communiquer et utilise la langue de façon efficace pour obtenir le but qu'il s'était proposé. L'enseignant contrôlera que l'activité se déroule correctement. Activités prévues : travail à deux, jeu de rôle (simulation). À différence de ce qu'il arrive dans la phase de la pratique, dans le "jeu de rôle" ne sont pas proposés des modèles linguistiques à suivre avec rigidité, mais sont indiqués seulement les divers actes linguistiques à réaliser (pour ex. parler de ses goûts, être d'accord etc.…)

PRODUCTION : Pour production orale et écrite on entend la capacité des élèves de s'exprimer de façon autonome, en élaborant toutes les notions qu'ils ont assimilées et combinées de façon personnelle. Cette phase entraîne une utilisation de la langue plus libre et personnelle, finalisée à un but communicatif précis et qui comprend l'utilisation des habilités.

Les activités proposées peuvent être : simulation de dialogues plus articulés (rôle-play) (jeux de rôle) à partir d'un sujet qui contient la situation, la fonction, le lieu, le sujet etc.… (chaque élève doit simuler le rôle donné et les fonctions à réaliser) ; discussion sur les documents authentiques (exprimer des opinions personnelles sur le sujet traité) à ce propose on peut considérer très utiles les affiches publicitaires ; pour la production on peut reproduire des textes du même type de celui présenté, mais dans une situation différente ; par ex. produire des autres documents publicitaires en formulant des slogans pareils à ceux présentée mais pour des autres produits ; encore on peut créer dans le même contexte de situation un texte différent de l'original (par ex. d'une affiche publicitaire créer un dialogue sur la qualité des produits ; écriture finalisée à la communication ; il s'agit de notes, brefs messages, lettres formulaires et en général des textes qui demandent une programmation (comme la lettre, le résumé, le récit) qui peut être corrigés par l'enseignant qui devra se rendre compte de la qualité de sa performance en relation à l'acquisition de l'objectif préfixe. La correction peut être collective au tableau, individuelle ou par couple (chaque élève contrôle son copain).Il faut dédier du temps pour revoir le travail précédent afin d'aider les élèves a mieux apprendre la L. 2 et les structures qu'ils ont déjà étudiées.

PHASES D
CONTROLE OU VERIFICATION, (évaluation et auto évaluation).
Dans cette phase, il faut faire réfléchir les élèves sur leurs fautes et sur leurs impropriétés en les guidant à se corriger. Le long de cette activité, c'est le professeur même qui doit vérifier sa méthode pour mieux l'adapter aux besoins des élèves.

VERIFICATION On peut distinguer deux types de vérification : a) fréquentes, b) périodiques ;
Les vérifications fréquentes sur les 4 habilités seront corrigées collectivement en classe ; à ce niveau pour la vérification de la maîtrise structurelle on peut utiliser le test auto- correctif aussi.
Vérifications périodiques plus éloignées dans le temps, structurées de façon que chaque vérification comprenne plus d'une habilité. Pour ces vérifications, dont les résultats sont reportés périodiquement pour chaque élève sur des fiches qui prévoient les points de chaque habilité, on pourra utiliser des textes de compréhension de l'écoute, lecture, exercices d'écriture présents dans le cahier d'exercices (work- book).
Les vérifications devront être homogènes :a) avec le type d'activités exercées, b) avec l'objectif dont on entend vérifier l'acquisition, c) avec les objectifs généraux moyens, spécifiques de la programmation.

    Vérifications ⟶ systèmes contrôlés : -close test (on élimine d'un texte 7 mots ; les élèves doivent remplir les trous avec articles, noms, adjectif etc.) ; - remplir les trous - matching - choix multiple – open dialogue – a reading (sur une copie avec des trous au dicté des phrases, mais les élèves doivent insérer seulement les mots qui manquent) – fournir un texte sans ponctuation.

    Vérifications systèmes non contrôlés : - lettres - résumés-questionnaires – composition.

EVALUATION À travers l'évaluation, l'enseignant peut contrôler la validité de la méthode, la pertinence des contenus et des instruments en fonction des exigences éducatives et didactiques des apprenants. Pour l'élève l'évaluation a une <u>valeur formative</u> parce qu'il apprend à reconnaître ce qu'il sait et ce qu'il doit encore apprendre et à connaître ses capacités et ses limites.
Pour les familles elle a une valeur informative.

PHASE E
RENFORCEMENT (pour les élèves qui ont bien compris).
RATTRAPAGE (pour les élèves qui ont montré des difficultés dans l'emploi de la langue ou bien dans la réalisation des actes de parole).
EVENTUELLE RÉCUPERATION
On prévoit la récupération si l'enseignant relève des insuccès à l'intérieur de la classe ; il peut organiser des leçons spécifiques pour revoir les contenus et les objectifs considérer difficiles à entendre par les élèves (ACTIVITÉS DE CONSOLIDATION).

Ces activités sont tirées d'un texte conclusif : un morceau de civilisation qui s'approche du contenu des dialogues, soit au point de vue de la communication que de la langue.

Les notions culturelles sont présentes de façon explicite ou implicite. Les élèves, à travers la langue, sont mis en condition d'apprendre à : - localiser dans le temps et dans l'espace – s'orienter – connaître des problèmes particuliers – comparer de nombreuses expériences culturelles – lier de divers arguments entre eux. La langue et la civilisation sont entrainement liées, car la langue véhicule les habitudes, les façons de vivre et de penser d'un peuple étranger.

U.D.   SE SITUER DANS L'ESPACE : *"SAVOIR DEMANDER UN CHEMIN ..."*

Classe: deuxième année
Composition: 23 élèves dont 14 filles et 9 garçons
Age: 14-15 ans
Niveau: les élèves possèdent une assez bonne compétence linguistique: ils communiquent presque de façon correcte même s'ils nécessitent d'un enrichissement au niveau des actes de paroles. Niveau A2 du Cadre commun européen de référence.
Prérequis : les apprenants ont déjà développé les fonctions au niveau personnel, interactionnel, instrumental et régulait.
Période: première partie de l'année scolaire (novembre)
Temps: 2/3 heures
Méthode: notionnelle – fonctionnelle – situationnelle (de façon directe et indirecte, inductive et déductive)
Approche: communicative
Moyens et matériaux didactiques: tableau noir, documents authentiques, magnétophone, audio cassette, copies.TIC
Objectifs cognitifs: à travers cette unité, les élèves apprendront à acquérir les compétences communicatives pour demander un chemin:

ACTES DE PAROLES (fonctions)	COMMUNICATION (notions ou réalisations)	GRAMMAIRE (contenus grammaticaux)
Se situer dans l'espace : « demander un chemin »	- comment je dois faire pour ..... » - « pouvez-vous m'indiquer le chemin pour .... » « va tout droit, ... » - « allez tout droit, ... »	- emploi de l'impératif - les nombres ordinaux - les prépositions de lieu - les verbes de mouvement : aller, tourner, traverser, remonter, ...

Connaissances (savoir) :
- demander un chemin

Compétences (savoir faire) :
- utiliser et réemployer la fonction de demander un chemin dans d'autres contextes

Capacités (savoir être) :
- capacité d'interagir avec les autres
- capacité d'instaurer des rapports interpersonnels avec le groupe
- capacité de réflexion linguistique et culturelle

Socio-affectifs, relationnels:
- capacité d'interagir avec les autres
- capacité d'instaurer des rapports interpersonnels avec le groupe
- capacité de demander et de comprendre les idées d'autrui
- capacité de coopérer activement
- capacité de se rendre autonome en ce qui concerne l'organisation du travail

PHASE A pré-écoute (20 mn.)	PHASE B écoute (20 mn.)	PHASE C lecture extensive (20 mn)	PHASE D lecture intensive et silencieuse (20 mn)
Brain-storming et motivation	Moment d'ouverture sur le sujet.	Utilisation d'expressions et de structures linguistiques nouvelles, à niveau imitatif et répétitif.	Dénotation du texte - compréhension globale
• **Coopérative-learning** : division de la classe en groupes de travail.	• On fait écouter 2 fois le dialogue avec l'aide du magnétophone.	• **texte authentique** fournit	• **Questionnaire simple** (10 min)
Observation d'une image.	• **compréhension globale** du dialogue: questionnaire simple	• **réécoute** par séquences (le dialogue est lu par l'enseignant).	• **Questionnaire vrai/faux** (pour mesurer les connaissances) (10 min)
• Activité de **problem-solving** : formulation d'hypothèses: remplir une grille		• on fixe la **phonétique** et la **prononciation** (alphabet phonétique), et l'intonation (signes graphiques pour indiquer : ↗/↘)	• **Problem-solving**
• **Discussion** en classe et confrontation des hypothèses.		• **Exercice de discrimination phonétique**	• **Exercice d'approfondissement lexical**
		• Exercice de **lecture expressive à haute voix** : activité de dramatisation (rôle-play) pour vérifier la propriété phonologique	• **Questionnaire à choix multiples** (devoirs à la maison)
		• **Devoirs à la maison**: les apprenants s'enregistrent et se réécoutent.	

PHASE E
analyse, réflexion et synthèse
(40 mn)

Connotation et exploitation du texte
(lecture analytique, individuelle et silencieuse)

Les apprenants procèdent de façon inductive et, parfois, déductive.

• **exploitation du lexique**: problem- solving (grille à compléter, mots-croisés), cloze test et devoirs à la maison pour fixer le nouveau vocabulaire (remue-méninges, grille à compléter)

• **Réflexion grammaticale**
- travail inductif : repérage des nouvelles structures morphosyntaxiques (emploi de l'impératif, les nombres ordinaux, les prépositions de lieu)
- travail déductif : explications de l'enseignant.

• **Pratique et fixation** des structures linguistiques et grammaticales expliquées: exercices de grammaire.

• **Réemploi** des structures linguistiques **dans un contexte différent :**
- production écrite (activité créative guidée: invention d'un mini dialogue) et orale (jeu de rôle par groupes de deux)
- devoirs à la maison : production écrite

PHASE F
évaluation et auto-évaluation
(20 mn)

Contrôle - vérification

• **vérification en cours, in- itinere**: (à travers les activités de production écrite et orale) et les devoirs à la maison.

• **évaluation finale**:
- système contrôlé (lexique et grammaire): cloze test
- production écrite et orale (communication) : jeu de rôle

• **auto-évaluation**: grille pour évaluer les performances des apprenants.

PHASE de rattrapage et de renforcement

enrichissement culturel et linguistique et révision des données acquises

texte de civilisation proche du contenu du dialogue (plan de Paris avec un texte indiquant un parcours possible à faire pour visiter les lieux plus caractéristiques de la ville).

DEMARCHE DE L'UNITE D'APPERNTISSAGE

Chaque phase aura son **contrôle** et le **rattrapage éventuel** se fera à travers des exercices de reprise du lexique et des structures linguistiques.

PHASE DE PRE-ECOUTE

Cette phase a comme but de **motiver** les apprenants.
Les apprenants, divisés en groupe, observent avec attention l'image et formulent librement des hypothèses (absence d'évaluation de la part de l'enseignant : c'est un moment où les apprenants peuvent s'exprimer sans restrictions) avec l'aide de la grille qui leur est fournie.

Brain- storming (cooperative learning):

Qui sont les personnages?	Où se déroule la scène?	Quand se déroule la scène?	Que font les personnages?

PHASE D'ÉCOUTE

C'est un **moment d'ouverture sur le sujet.**

Les apprenants écoutent 2 fois le dialogue avec l'aide du **magnétophone**.

DIALOGUE :

- *Allô, c'est Christian à l'appareil, c'est toi Mélanie ?*
- *Oui, salut, Christian. Alors tu viens quand ?*
- *J'arrive à la gare demain matin avec le premier train. Comment je dois faire pour arriver chez toi ?*
- *C'est assez près de la gare. Tu peux venir à pied. Va tout droit jusqu'à la pharmacie puis tourne à gauche. Prends ensuite la première à droite et tu es arrivé.*
- *Tu habites à quel numéro ?*
- *Au 14, Rue Masséna. Ma maison est près du cinéma « Hollywood », au coin de la rue. Il y a un hôtel en face.*

Autrement, si tes valises sont trop lourdes, prends le bus n°3. A la sortie de la gare, traverse le passage cloutés et remonte la rue de 300 mètres environ : l'arrêt est sur ta droite, devant le supermarché.

- *Ah !... Si tu arrives avant midi, passe me chercher à mon bureau : je travaille rue des Mimosas n°53, en face de l'hôtel, entre la mairie et la bibliothèque.*
- *D'accord, à demain.*

Le lendemain ......

- *pardon, excusez-moi Monsieur l'agent ... je me suis perdu ...pouvez-vous m'indiquer le chemin pour arriver au cinéma « Hollywood » ?*
- *bien sur ... ce n'est pas difficile et ce n'est pas très loin... faites demi-tour jusqu'à la place de la Concorde et, au croisement, tournez à gauche et prenez l'avenue de la Liberté. Longez le jardin public et, une fois arrivé à l'hôtel « Casimir » traversez l'Avenue : attention car il y a beaucoup de circulation. Le cinéma est juste devant vous.*
- *Merci beaucoup. Au revoir.*

PHASE DE LECTURE EXTENSIVE

On fournit aux apprenants le **texte authentique** et on leur fait **réécouter** par séquences (le dialogue est lu une fois par l'enseignant).
Les apprenants fixent la **phonétique et la prononciation** (alphabet phonétique), et l'**intonation** (signes graphiques pour indiquer : ↗ ↘ //)
Exercice de **lecture expressive** : les apprenants lisent à haute voix le dialogue. La correction éventuelle de l'enseignant a lieu à la fin de la lecture, pour ne pas interrompre les apprenants.
On fait réécouter une autre fois le dialogue à l'aide du magnétophone.
On peut attribuer à chaque apprenant un rôle (le texte à lire n'est pas modifié) et envisager une **activité de dramatisation (rôle-play)**.
Cette phase est importante parce que les apprenants commencent à utiliser des expressions et des structures linguistiques nouvelles même si à niveau imitatif et répétitif.

Devoirs à la maison: les apprenants s'enregistrent et se réécoutent.

Exercice de discrimination phonétique : on fait repérer inductivement aux apprenants les mots où l'on entend le son [ã] et le son [ɛ̃] (on peut faire réécouter une autre fois le texte si nécessaire) et on leur demande de remplir la grille suivante :

son [ã]	son [ɛ̃]

PHASE DE LECTURE INTENSIVE ET SILENCIEUSE

C'est une phase de **dénotation** du texte. On veut vérifier la **compréhension globale**.
On propose aux apprenants des exercices structurés pour mesurer leurs connaissances, et on leur indique comment se corriger eux-mêmes, afin de favoriser une certaine autonomie.

On propose aux apprenants **un questionnaire simple** :

> *Après avoir lu une première fois le texte, répondez aux questions suivantes :*
>
> - Qui sont les personnages ?
> - Où se trouvent les personnages ?
> - Où se déroule l'action ?
> - De quoi est-ce que l'on parle dans ce dialogue?
> - Proposez un titre pour ce dialogue ?

Lisez le dialogue une deuxième fois et indiquez, à l'aide d'une croix « X » si les affirmations suivantes sont vraies ou fausses.

Auto-correzione dell'apprendente : punteggio : 1 punto per le risposte esatte ; 0 punti per le risposte omesse o sbagliate

		VRAI	FAUX
1.	Christian habite près de la gare.		
2.	Mélanie habite loin de la pharmacie.		
3.	Mélanie travaille dans un hôtel		
4.	Christian se perd en allant chez Mélanie.		

On fournit aux apprenants le plan du quartier où habite Mélanie.
On leur demande d'**indiquer sur le plan** le parcours que Christian doit effectuer pour se rendre de la gare à la maison de Mélanie et le parcours à faire pour aller chercher Mélanie à son bureau. On leur demande également d'indiquer où se trouve l'agent auquel Christian demande des informations.

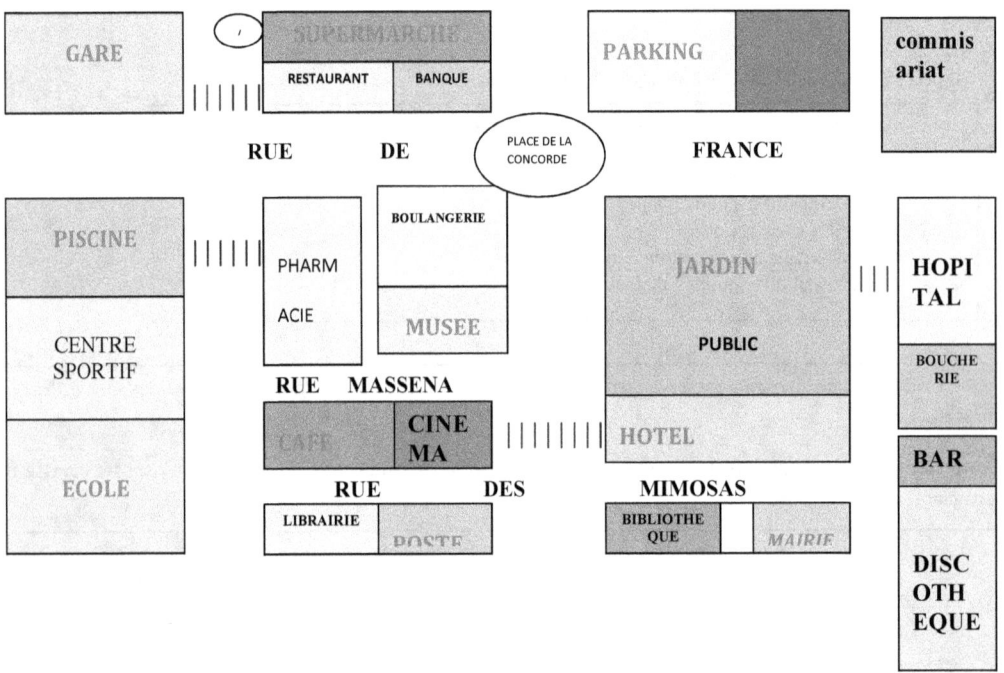

Exercice d'approfondissement lexical :
Recherchez les antonymes des mots suivants :
Demain →   Lourd →   la sortie →   difficile →   beaucoup →

Devoirs à la maison: on propose un **questionnaire à choix multiples** encore plus détaillé à effectuer à la maison. Les apprenants peuvent se corriger tous seuls.

Après avoir écouté le texte, choisissez et entourez, parmi les 4 affirmations qui vous sont données, celle que vous considérez la plus exacte.

Auto- correzione : Punteggio : 3 punti per ogni risposta esatta – 0 punti per ogni risposta omessa o sbagliata.

Christian arrive devant la maison de Mélanie:	Christian demande des informations:
- à pied - en taxi - en bus	- à un agent de police - à un passant - à une vendeuse - à une dame

PHASE D'ANALYSE, DE REFLEXION ET DE SYNTHESE (40 mn)

C'est une phase de **connotation et d'exploitation** du texte qui s'effectue à travers une lecture analytique, individuelle et silencieuse.
Les apprenants procèdent de façon inductive et, parfois, déductive.

EXPLOITATION DU LEXIQUE :

PROBLEM SOLVING:
Regardez attentivement le plan du quartier où habite Mélanie et rangez les mots concernant **les lieux publics, les lieux pour s'amuser et les magasins** dans le tableau ci-dessous :

Lieux publics	Lieux pour s'amuser	Magasins

Devoirs à la maison : remue-méninges : trouvez les mots concernant les lieux publics, les lieux pour s'amuser et les magasins dans la grille ci-dessous:

D	R	G	A	R	E	G	D	Z	P
I	H	N	G	E	D	E	S	N	H
S	Y	P	I	S	C	I	N	E	A
C	C	M	A	T	T	V	S	B	R
O	I	A	B	A	N	Q	U	E	M
T	N	R	W	U	F	B	O	Z	A
H	E	J	A	R	D	I	N	P	C
E	M	S	B	A	R	C	A	W	I
Q	A	D	P	N	P	O	S	T	E
U	Z	S	E	T	B	E	F	G	O
E	H	A	V	O	Q	O	A	B	F

PROBLEM SOLVING : complétez les mots croisés ci-dessous en recherchant les mots concernant **la rue** :

1 →	Chemin que les personnes doivent emprunter pour
2 ↓	Endroit où se croisent plusieurs voies
3 ☐	Galerie souterraine qui permet d'accéder à une voie de
4 ↓	Voie plutôt large et bordée d'arbres
5 ☐	Voie publique
6 ☐	Passage surélevé qui permet de mettre en communication deux
7 ☐	Passage circulaire contourné de plusieurs voies

```
       4↓              2↓           3↓
1  P  A  S  S  A  G  E  C  L  O  U  T  E
      V                 R           U
      E                 O           N
      N                 I           N
      U                 S           E
      E  7 P  L  A  C  E           L
                        M
             5 R  U  E
                        N
          6 P  O  N  T
```

CLOZE TEST : **les moyens de transport :**
Complétez les phrases suivantes à l'aide des dessins :

- Cet été, je pars au Caraïbes en …………..

- J'aime me promener ………………..  au bord de la mer

- Mon père m'accompagne à l'école en ……………

- Je prends le .... pour aller à mon entraînement de football.

- Lorsque je pars en vacances, je prends un .... pour me rendre à la gare.

- Quand il fait beau, je sors immédiatement mon ....

- Je ne trouve pas le .... très commode !

Devoirs à la maison : classez les moyens de transport qu'on utilise pour se déplacer dans la grille suivante :

TRANSPORTS EN COMMUN	TRANSPORTS PUBLICS

REFLEXION GRAMMATICALE :

On fait travailler inductivement les apprenants en faisant repérer dans le dialogue les nouvelles structures morphosyntaxiques (emploi de l'impératif, les nombres ordinaux, les prépositions de lieu) qui ensuite sont déductivement et soigneusement expliqués par l'enseignant.

Soulignez, dans le texte, les verbes conjugués à l'impératif, les prépositions de lieu et repérez les nombres ordinaux. Insérez-les dans la grille ci-dessous :

Impératif	Nombres ordinaux	prépositions de lieu

PRATIQUE ET FIXATION :

Ce moment sert à fixer et à mémoriser une série de structures linguistiques et grammaticales.

On présente aux apprenants des exercices de grammaire pour mieux fixer les règles expliquées.

Complétez les phrases avec **l'adjectif numéral ordinal** qui correspond au numéro entre parenthèse :
C'est le .... jour de la semaine.   (1)
Il est .... au classement général.   (10)
C'est son .... examen.   (8)
Votre fille est .... au concours hippique.   (5)

Les prépositions de lieu : décrivez la chambre de Pierre en utilisant les mots : *devant, en face de, sous, à coté de, derrière, près de, loin de, sur, entre*

Devoirs à la maison : recherchez l'antonyme des prépositions suivantes :
Près →   sous →   dans →   droite →   devant →

Emploi de l'impératif : selon le modèle, demandez ou proposez à quelqu'un de faire quelque chose :
Dites à votre frère d'aller à la piscine →   Va à la piscine !
Proposez à votre ami Laurent d'aller au cinéma. →   Allons au cinéma !
Dites à vos parents de faire moins de bruit →   faites moins de bruit !

Dites à votre sœur de préparer un gâteau. →
Proposez à Brigitte de regarder un film à la télévision. →

Dites à votre copain d'écouter un disque de Céline Dion. →
Dites à vos amis de venir chez vous dimanche à 9 heures. →
Proposez à Gustave de manger une pizza. →

REEMPLOI ET PRODUCTION ORALE ET ECRITE :

Il s'agit d'activités dans lesquelles les apprenants utilisent la langue pour un but réel et pour s'exprimer de façon autonome.

Mini-dialogue : par groupe, les apprenants doivent inventer un mini-dialogue en respectant les données suivantes et en observant le plan fournit.
Ensuite, ils devront le dramatiser devant la classe (**jeu de rôle** : le texte à dramatiser est différent du dialogue contenu dans le texte authentique qui a été fournit aux apprenants au début de l'unité d'acquisition).

Un monsieur arrête une dame dans la rue, devant la banque.	→	La dame lui indique le chemin (regardez le plan ci-dessous : le parcours est indiqué)
Le monsieur lui demande si c'est loin.	→	La dame répond que ce n'est pas très loin, mais qu'il vaudrait mieux prendre l'autobus.
Le monsieur lui demande où se trouve l'arrêt d'autobus.	→	La dame lui indique où se trouve l'arrêt d'autobus. (Regardez le plan ci-dessous : l'arrêt est indiqué)
Le monsieur remercie la dame.	→	La dame lui répond.

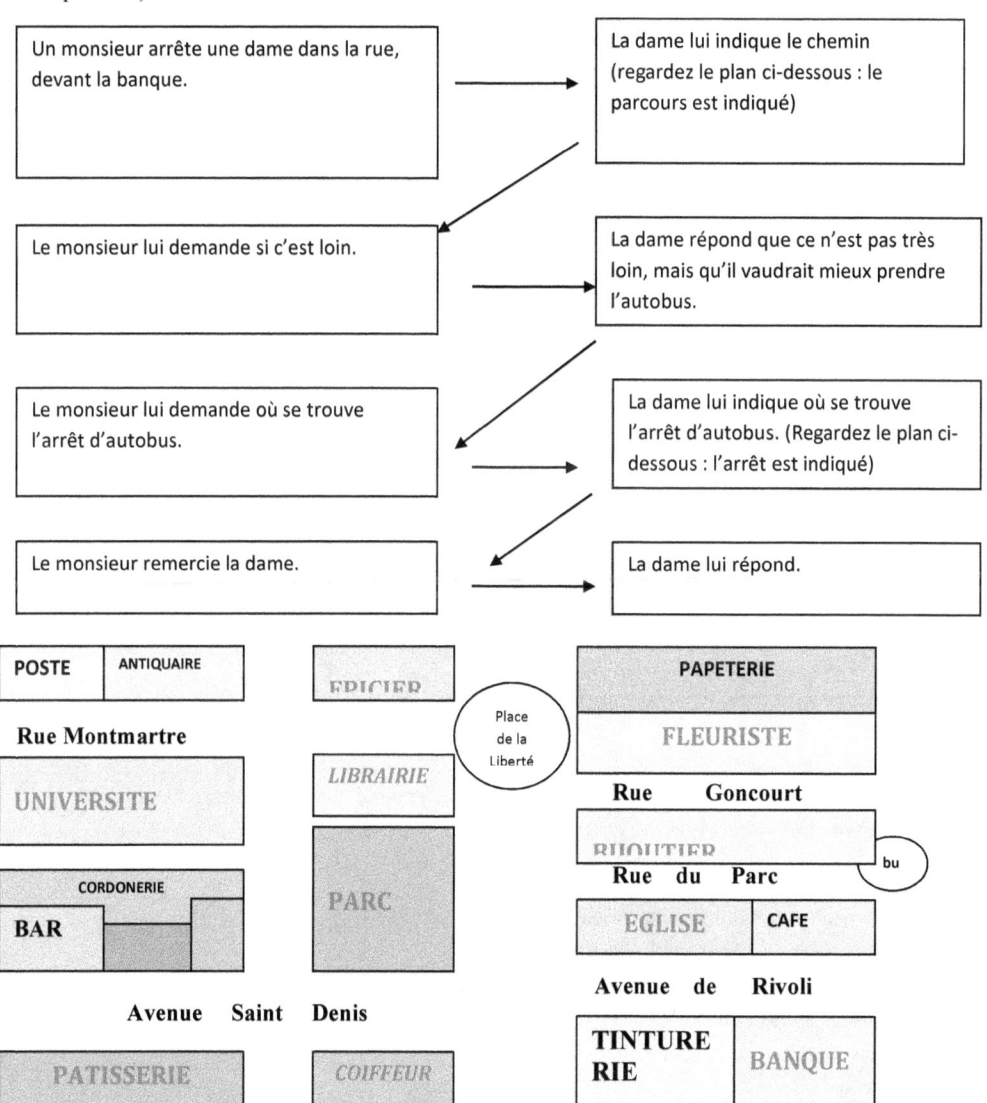

Production écrite (devoirs à la maison): on demande aux apprenants de décrire le chemin qu'ils parcourent pour aller de leur maison à leur école.

PHASE D'EVALUATION ET D'AUTO-EVALUATION

- **vérification en cours, in- itinere**: (à travers les activités de production écrite et orale) et les devoirs à la maison.

- **évaluation finale**:
  - système contrôlé (lexique et grammaire): cloze test
  - production écrite et orale (communication) : jeu de rôle

GRILLE D'ÉVALUATION
système contrôlé

Lexique + grammaire : total : ……. /23

1-7 A REFAIRE   **8-11** PASSABLE   **12-16** ASSEZ BIEN   **17-19** BIEN   **20-23** TRES BIEN

Conjugaison: **0-5** À REFAIRE **6-7** PASSABLE **8-9** ASSEZ BIEN **10-11** BIEN **12** TRES BIEN
Lexique: **0-5** À REFAIRE **6-7** PASSABLE **8- 9** ASSEZ BIEN **10** BIEN   **11** TRES BIEN

A REVISER :
………………………………………………………………………………...

- **auto-évaluation**: une grille est fournit aux apprenants pour évaluer personnellement leurs performances

	Oui	Non	En partie
Je sais demander et indiquer une direction			
Je sais conjuguer les verbes à l'impératif			
Je sais employer correctement les prépositions de lieu			
Je connais les nombres ordinaux			
Je sais travailler avec mes camarades			

o   Maman, j'ai de la fièvre ! ………………… (prendre) ta …………………..

Et ……………….. (aller) vite m'acheter des aspirines à la ……………………

o   - Papa, …………………… (accompagner) – nous vite au ……………………… autrement nous serons en retard !

-   je suis trop occupé ! …………………… (appeler) un………………………..

ou …………………… (prendre) le ………………………

3. maintenant, tu es assez grande pour aller en ville toute seule. ……………… (mettre) ton imperméable et surtout ………………….. (faire) attention : …………………… (traverser)

la ……………… sur les ………………………….

4. Avant d'aller à la ……………………… ……………………….. (passer) devant la

……………………… et ………………… (acheter) un peu de viande pour midi, puis,

……………………….. (tourner) la ………………… 2 à …………… et ………………… (acheter) le journal !

SYSTEME CONTROLE
CLOZE TEST : remplissez les espaces vides avec l'aide des dessins et en conjuguant à l'impératif les verbes entre parenthèses :
PHASE DE RATTRAPAGE ET DE RENFORCEMENT

Il s'agit d'une phase de renforcement pour les apprenants qui ont bien compris et une phase de rattrapage pour ceux qui ont montré des difficultés.

L'enseignant propose un texte de civilisation proche du contenu du dialogue, qui puisse servir à la fois comme enrichissement culturel et linguistique et comme révision des données acquises.

Texte proposé : un plan de Paris avec un texte indiquant un parcours possible à faire pour visiter les lieux plus caractéristiques de la ville.

UNITÉ D'APPRENTISSAGE : Se situer dans le temps

Classe: première année du collège
Composition: 23 élèves dont 14 filles et 9 garçons
Age: 11-12 ans
Niveau: les élèves possèdent une compétence linguistique discrète : ils communiquent presque de façon correcte même s'ils nécessitent d'un enrichissement au niveau des actes de paroles. Niveau A2 du Cadre commun européen de référence.
Période: dernière partie de l'année scolaire (avril)
Temps: 2/3 heures
Méthode: notionnelle – fonctionnelle – situationnelle (de façon directe et indirecte, inductive et déductive)
Approche: communicative
Moyens et matériaux didactiques: tableau noir, documents authentiques, magnétophone, audio cassette, copies
Objectifs cognitifs: à travers cette unité, les élèves apprendront à acquérir les compétences communicatives pour se situer dans le temps:

ACTES DE PAROLES (fonctions)	COMMUNICATION (notions ou réalisations)	GRAMMAIRE (contenus grammaticaux)
Se situer dans le temps	- « quel jour sommes-nous …. ? » - « en quel mois, saison, … » - « quand est-ce que ... »	- Emploi du présent de l'indicatif - Verbe « devoir » + infinitif - les prépositions et les adverbes de temps

Connaissances (savoir) : se situer dans le temps
Compétences (savoir faire) : utiliser et réemployer la fonction de se situer dans le temps dans d'autres contextes.
Capacités (savoir être) :
- capacité d'interagir avec les autres
- capacité d'instaurer des rapports interpersonnels avec le groupe
- capacité de réflexion linguistique et culturelle

Socio-affectifs, relationnels:
- capacité d'interagir avec les autres
- capacité d'instaurer des rapports interpersonnels avec le groupe
- capacité de demander et de comprendre les idées d'autrui
- capacité de coopérer activement
- capacité de se rendre autonome en ce qui concerne l'organisation du travail

PHASE A pré-écoute (20 mn.)	PHASE B écoute (20 mn.)	PHASE C lecture extensive (20 mn)	PHASE D lecture intensive et silencieuse (20 mn)
Brain-storming et motivation	**Moment d'ouverture sur le sujet.**	**Utilisation d'expressions et de structures linguistiques nouvelles, à niveau imitatif et répétitif.**	**Dénotation du texte - compréhension globale**
• **Coopérative-learning** : division de la classe en groupes de travail. • **Brain-storming :** Observation d'une image et formulation d'hypothèses • Motivation : observation d'une bande dessinée : **problem-solving** : formulation d'hypothèses: remplir une grille • **Discussion** en classe et confrontation des hypothèses.	• On fait écouter 2 fois le dialogue avec l'aide du magnétophone. • **compréhension globale** du dialogue: questionnaire simple	• **texte authentique** fournit • **réécoute** par séquences (le dialogue est lu par l'enseignant). • on fixe la **phonétique** et la **prononciation** (alphabet phonétique), et l'**intonation** (signes graphiques pour indiquer : ↗↘) • **Exercice de discrimination phonétique** • Exercice de **lecture expressive à haute voix** : activité de dramatisation (role-play) pour vérifier la propriété phonologique **Devoirs à la maison**: les apprenants s'enregistrent et se réécoutent.	• **Questionnaire simple** (10 min) • **Questionnaire vrai/faux** (pour mesurer les connaissances) (10 min) • **Exercice d'approfondissement lexical** • **Questionnaire à choix multiples** (devoirs à la maison)

PHASE E analyse, réflexion et synthèse (40 mn)	PHASE F évaluation et auto-évaluation (60 mn)	PHASE de rattrapage et de renforcement
Connotation et exploitation du texte (lecture analytique, individuelle et silencieuse)	Contrôle - vérification	enrichissement culturel et linguistique et révision des données acquises
Les apprenants procèdent de façon inductive et, parfois, déductive. • **exploitation du lexique**: problem solving ; devoirs à la maison pour fixer le nouveau vocabulaire (remue-méninges) • **Réflexion grammaticale** - travail inductif : repérage des nouvelles structures morphosyntaxiques (emploi du présent de l'indicatif, le verbe	• vérification en cours, in- itinere: (à travers les activités de production écrite et orale) et les devoirs à la maison. • évaluation finale: - système contrôlé (conjugaison et grammaire): cloze test - système non contrôlé (lexique) : production écrite libre	texte de civilisation proche du contenu du dialogue (les fêtes nationales en France).

devoir, les prépositions et adverbes de temps) - travail déductif : explications de l'enseignant. ● **Pratique et fixation** des structures linguistiques et grammaticales expliquées : exercices de grammaire. ● **Réemploi** des structures linguistiques **dans un contexte différent :** - production écrite (activité créative guidée: invention d'un mini dialogue) et orale (jeu de rôle par groupes de deux) - devoirs à la maison : production écrite	● **auto-évaluation**: grille pour évaluer les performances des apprenants.

DEMARCHE DE L'UNITE D'APPRENTISSAGE
Chaque phase aura son **contrôle** et le **rattrapage éventuel** se fera à travers des exercices de reprise du lexique et des structures linguistiques.

PHASE DE PRE-ECOUTE (20 mn):
Cette phase a comme but de **motiver** les apprenants.
Les apprenants, divisés en groupe, observent avec attention l'image (affichée au tableau noir) et formulent librement des hypothèses (absence d'évaluation de la part de l'enseignant : c'est un moment où les apprenants peuvent s'exprimer sans restrictions).
Brain- storming (cooperative learning):

On montre aux apprenants la bande dessinée suivante. Ils formulent des hypothèses avec l'aide de la grille qui leur est fournie.

Qui sont les personnages?	Où se déroule la scène?	En combien de scènes peut-on diviser l'histoire?	Que représente chaque scène?	Donnez un titre à cette bande déssinée. (*"le boulevard du temps qui passe"*)

PHASE D'ECOUTE (20 mn):
C'est un **moment d'ouverture sur le sujet.**
Les apprenants écoutent 2 fois le dialogue avec l'aide du **magnétophone**.
DIALOGUE:

Allo, Martin ? C'est Valérie. Alors, quand est-ce qu'on peut boire un verre ensemble ? ça fait longtemps qu'on ne se voit plus ! On est toujours si occupé tous les deux ……. Demain, qu'est-ce que tu en penses ?
Ecoute Valérie … Ça me ferait très plaisir mais ce matin je suis allé chez le dentiste et il m'a enlevé une dent de sagesse …. Il m'a fait un mal fou !!! Maintenant, je dois prendre des calmants car j'ai un mal de tête terrible !!!

Je préfère attendre quelques jours avant de sortir.

Quel jour sommes-nous aujourd'hui …. ?

Nous sommes mardi.
Alors, si tu veux, nous pouvons nous voir la semaine prochaine, vers Jeudi par exemple ?
Ah, problème ! Jeudi je ne suis pas libre. Je dois d'abord passer à la bibliothèque rendre un livre, puis je dois accompagner ma mère chez une amie et enfin, à quatre heures de l'après-midi, j'ai pris un rendez-vous chez le spécialiste depuis déjà un mois et il m'est impossible de le déplacer. J'ai la journée pleine !
Alors, Vendredi peut-être ?
Ca marche ! Tu préfères le matin ou dans l'après-midi ?
Plutôt dans l'après-midi, vers 17 heures, car le matin j'ai cours.
Faisons un peu plus tôt … tu sais, on est au mois de décembre et il fait un froid de canard dehors, ….
En plus, il fait nuit vite…
A 15h00, ça te va ?.....

PHASE DE LECTURE EXTENSIVE (20 mn):
On fournit aux apprenants le **texte authentique** et on leur fait **réécouter** par séquences (le dialogue est lu une fois par l'enseignant).
Les apprenants fixent la **phonétique et la prononciation** (alphabet phonétique), et l'**intonation** (signes graphiques pour indiquer : ↗ ↘ //)
Exercice de **lecture expressive** : les apprenants lisent à haute voix le dialogue. La correction éventuelle de l'enseignant a lieu à la fin de la lecture, pour ne pas interrompre les apprenants.
On fait réécouter une autre fois le dialogue à l'aide du magnétophone.
On peut attribuer à chaque apprenant un rôle (le texte à lire n'est pas modifié) et envisager une **activité de dramatisation (role-play)**.
Cette phase est importante parce que les apprenants commencent à utiliser des expressions et des structures linguistiques nouvelles même si à niveau imitatif et répétitif.
Devoirs à la maison: les apprenants s'enregistrent et se réécoutent.
Exercice de discrimination phonétique : on fait repérer inductivement aux apprenants les mots où l'on entend le son [ã] et le son [ɛ̃] (on peut faire réécouter une autre fois le texte si nécessaire) et on leur demande de remplir la grille suivante :

son [ã]	Son [ɛ̃]

Complétez :

Le t……ps	Mat……
Longt…..ps	Dem……
Print…..ps	m…..tenant
Un mom…….t	enf…..
Av…….t	le mois de ju…..
Qu…..d	vendredi proch……
…..s……ble	
v……dredi	
mainten…..t	

Retrouvez les mêmes sons dans les termes suivants :
Le chem….. pour arriver jusque chez toi est très l……. .
Ça fait c…..q heures v……gt que je t'att….d !
Il m…..ge beaucoup de p….. à table !
L'été, je pr…..ds souv…..t mon parapluie.

PHASE DE LECTURE INTENSIVE ET SILENCIEUSE (20 mn):
C'est une phase de **dénotation** du texte. On veut vérifier la **compréhension globale**.
On propose aux apprenants des exercices structurés pour mesurer leurs connaissances, et on leur indique comment se corriger eux-mêmes, afin de favoriser une certaine autonomie.

On propose aux apprenants **un questionnaire simple** :

> Après avoir lu une première fois le texte, répondez aux questions suivantes :
>
> - Qui sont les personnages ?
> - Quand se déroule l'action ?
> - Où se déroule l'action ?
> - De quoi est-ce que l'on parle dans ce dialogue?
> - Proposez un titre pour ce dialogue ?

On propose aux apprenants **un questionnaire vrai/faux plus spécifique** :

> Lisez le dialogue une deuxième fois et indiquez, à l'aide d'une croix « X » si les affirmations suivantes sont vraies ou fausses.
>
> Auto-correzione dell'apprendente : punteggio : 1 punto per le risposte esatte ; 0 punti per le risposte omesse o sbagliate

Valérie et Martin se rencontrent jeudi matin à la cafétéria du lycée			
1.	Valérie et Martin se rencontrent tous les jours au lycée.		
2.	Valérie a un rendez-vous important chez le spécialiste lundi.		
3.	C'est l'hiver et il fait très froid.		

Exercice d'approfondissement lexical : Recherchez les antonymes des mots suivants :
Longtemps →   toujours →   peu →   froid →   dehors →
vite →   occupé →   pleine →

Devoirs à la maison: on propose un **questionnaire à choix multiples** encore plus détaillé à effectuer à la maison. Les apprenants peuvent se corriger tous seuls.

> Après avoir écouté le texte, choisissez et entourez, parmi les 4 affirmations qui vous sont données, celle que vous considérez la plus exacte.
>
> Auto-correzione : Punteggio : 3 punti per ogni risposta esatta – 0 punti per ogni risposta omessa o sbagliata.

PHASE D'ANALYSE, DE REFLEXION ET DE SYNTHESE (40 mn)

C'est une phase de **connotation et d'exploitation** du texte qui s'effectue à travers une lecture analytique, individuelle et silencieuse.
Les apprenants procèdent de façon inductive et, parfois, déductive.

EXPLOITATION DU LEXIQUE :

PROBLEM SOLVING:
Les saisons : Répondez aux questions suivantes à l'aide des dessins en utilisant le nom de la saison correspondante :

Quand est-ce que tu pars faire du ski ?	
Quand est-ce que tu fêtes ton anniversaire ?	
Quand est-ce que commencent les grandes vacances dans ton pays ?	
Quand est-ce que les feuilles tombent des arbres ?	

PROBLEM SOLVING:
Les jours de la semaine : observez l'emploi du temps de Valérie et répondez aux questions suivantes :

	Lundi	Mardi	Mercredi	Jeudi	Vendredi	Samedi
9h15	Français	Latin	Anglais	Histoire/géo	Anglais	Allemand
10h15	Français	Français	Allemand	Education physique	Français	Sciences physiques
11h15	Espagnol	Allemand	Maths	Education physique	Sciences physiques	Latin
12h15	Maths	Maths	Histoire/géo	Histoire/géo	Sciences naturelles	Arts plastiques
13h15	Maths	Espagnol	Espagnol	Histoire/géo	Sciences naturelles	anglais
15h15		Education physique	Education physique			
16h15		Arts plastiques			Français	

- Quels jours Valérie suit les cours de français ?
- Quand est-ce que Valérie suit les cours de maths ?
- Quel jour Valérie n'a pas de cours le matin?
- Quand est-ce que Valérie a cours l'après-midi ?
- Quel est le jour où Valérie a le moins de matières à suivre ?

PROBLEM SOLVING : complétez les mots croisés ci-dessous avec l'aide des dessins en recherchant les mots concernant les mois de l'année :

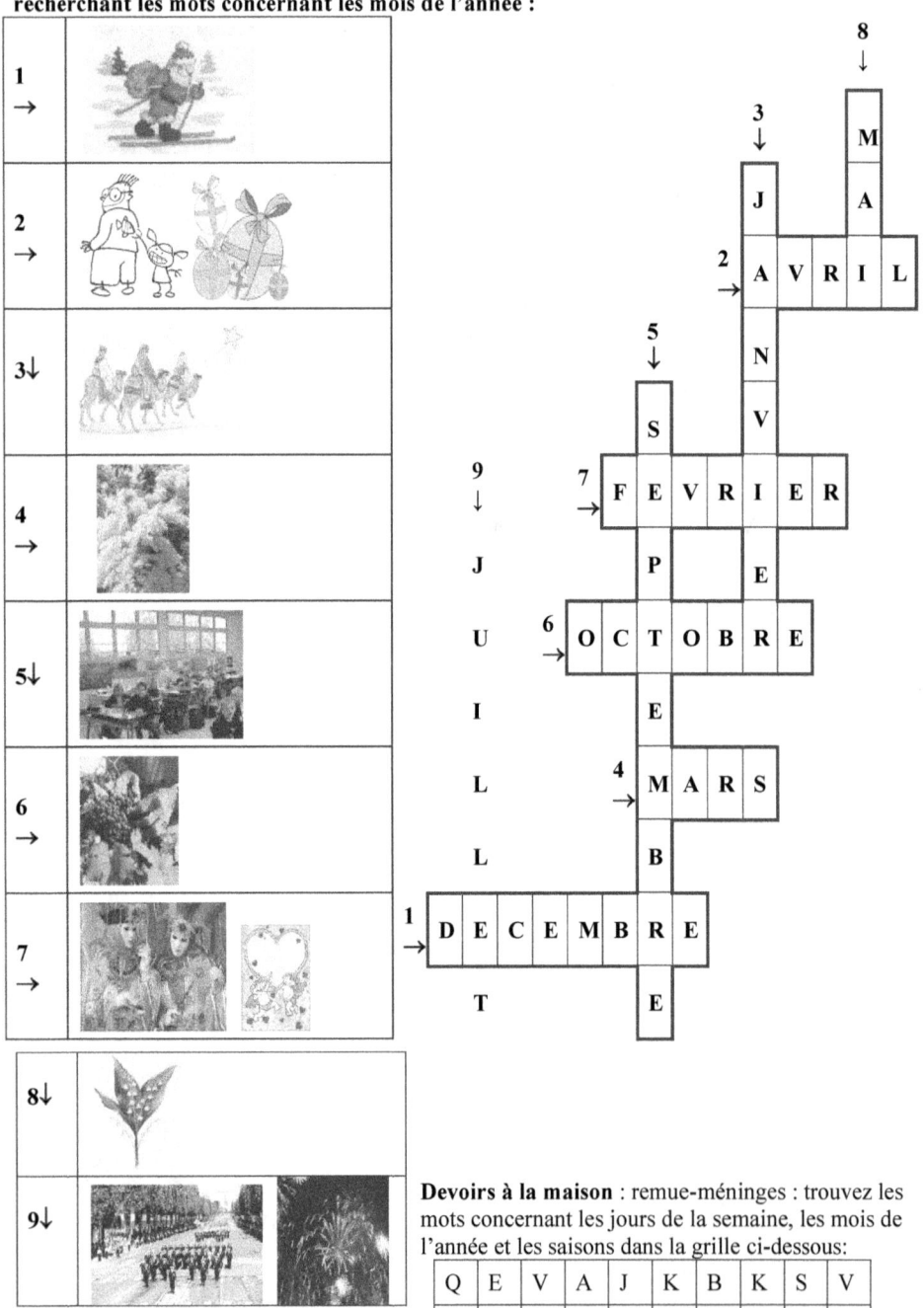

Devoirs à la maison : remue-méninges : trouvez les mots concernant les jours de la semaine, les mois de l'année et les saisons dans la grille ci-dessous:

Q	E	V	A	J	K	B	K	S	V
S	E	P	T	E	M	B	R	E	O

A	T	Q	W	U	T	Y	U	H	G
M	E	Z	V	D	N	G	A	C	U
E	D	L	R	I	T	A	U	N	M
D	J	U	I	L	L	E	T	A	Q
I	R	N	T	Y	A	N	O	M	A
V	N	D	A	C	V	F	M	I	O
T	H	I	V	E	R	H	N	D	U
R	Q	C	A	S	I	F	E	M	T
Z	X	C	V	B	L	N	M	Q	D

REFLEXION GRAMMATICALE :
On fait travailler inductivement les apprenants en faisant repérer dans le dialogue les nouvelles structures morphosyntaxiques (emploi du présent de l'indicatif, le verbe devoir, les prépositions et adverbes de temps) qui ensuite sont déductivement et soigneusement expliquées par l'enseignant. Soulignez, dans le texte, les verbes conjugués au présent de l'indicatif, le verbe devoir, les prépositions et les adverbes de temps, et repérez les liens logiques. Insérez-les dans la grille ci-dessous :

Le présent de l'indicatif	Le verbe devoir	Les prépositions et adverbes de temps

PRATIQUE ET FIXATION :
Ce moment sert à fixer et à mémoriser une série de structures linguistiques et grammaticales.
On présente aux apprenants des exercices de grammaire pour mieux fixer les règles expliquées.

Classez les prépositions et les adverbes de temps suivants dans la grille ci-dessous :
Hier, tout de suite, demain, aujourd'hui, mardi dernier, la semaine prochaine, la saison dernière, samedi prochain, après-demain, actuel

AVANT	MAINTENANT	APRES

Trouvez les antonymes des adverbes de temps suivants :
Toujours →   souvent →   tard →   en retard →

Ordonnez les expressions de temps suivantes de manière chronologique: de la plus à la moins fréquente :

Cinq fois par an

Tous les dimanches
Tous les quinze jours
Chaque mois
Jamais
Toujours
Trois fois par semaine
Tous les matins et tous les après-midi
Tous les trois ans

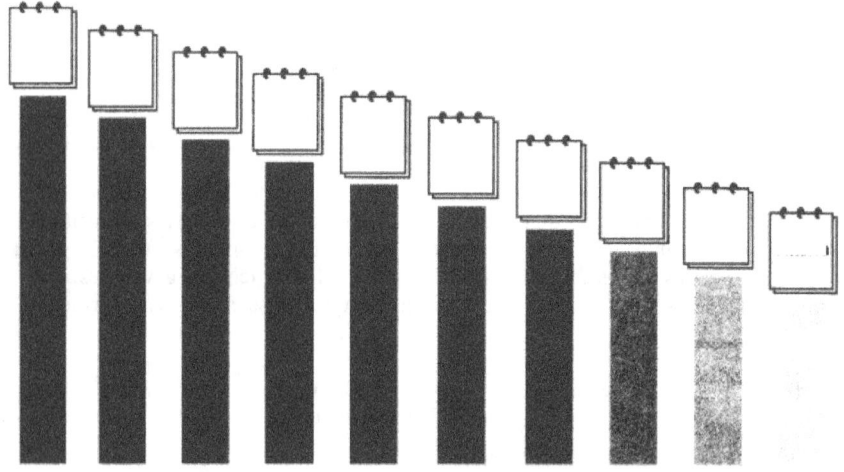

Comment se déroule la journée de Martin ? Décrivez ses activités en utilisant les liens logiques adéquats *(d'abord, ensuite, après, puis, alors, enfin, de temps en temps, quelquefois, ...)* **pour les relier et en conjuguant les verbes au présent de l'indicatif.**

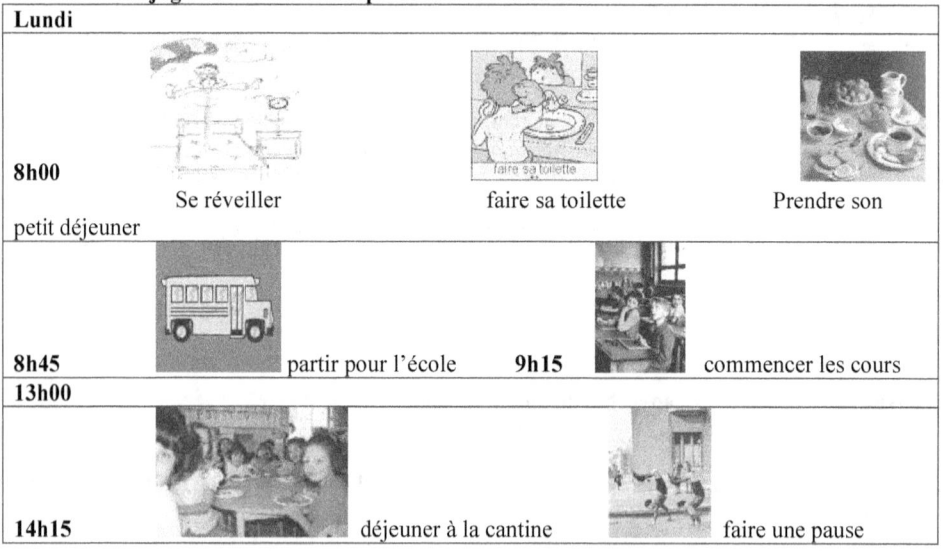

Lundi			
8h00	Se réveiller	faire sa toilette	Prendre son petit déjeuner
8h45	partir pour l'école	**9h15**	commencer les cours
13h00			
14h15	déjeuner à la cantine		faire une pause

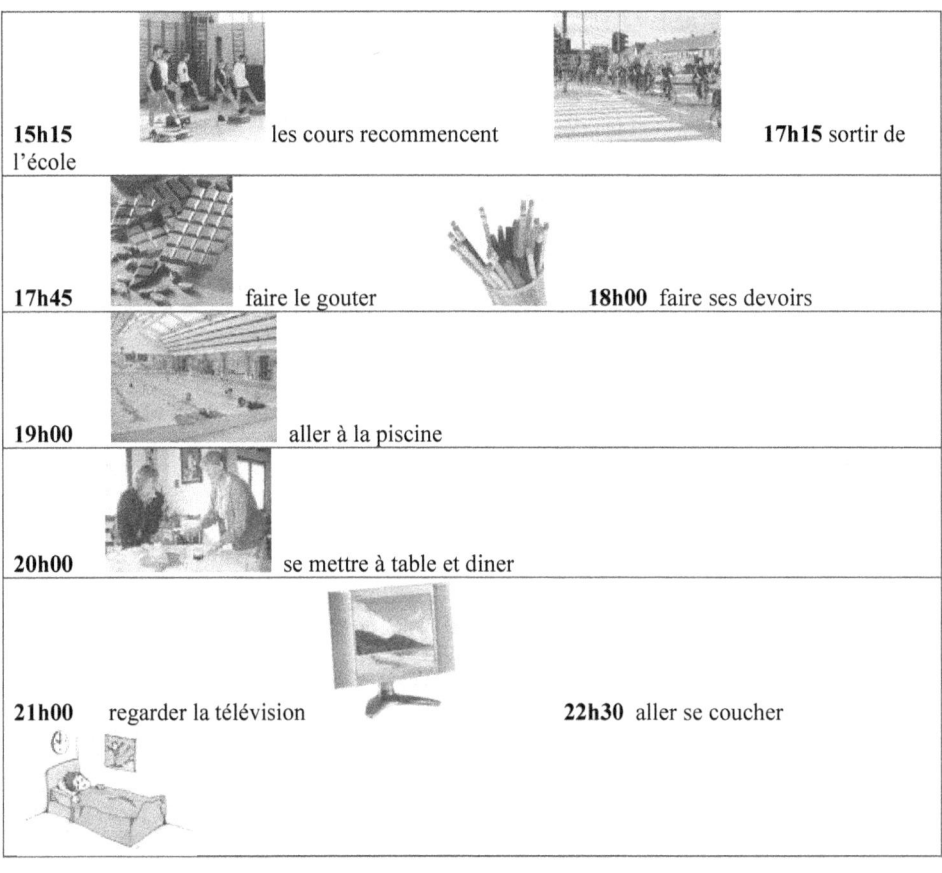

Le verbe « devoir » + infinitif : selon le modèle, transformez les phrases et conjuguez correctement le verbe devoir :
ex : Dites à votre ami Pierre qu'il doit travailler s'il veut avoir des bonnes notes   tu dois travailler !

Dites à vos amis qu'ils doivent écouter leur parent et leur obéir →
Dites à vos amis que vous devez rentrer plutôt à la maison ce soir →
Dites à votre frère qu'il doit se taire car le bébé dort →
Dites à vos parents que vous devez vous dépêcher pour arriver à l'heure au cinéma →

REEMPLOI ET PRODUCTION ORALE ET ECRITE :
Il s'agit d'activités dans lesquelles les apprenants utilisent la langue pour un but réel et pour s'exprimer de façon autonome.

Mini-dialogue : par groupe, les apprenants doivent inventer un mini-dialogue en respectant les données suivantes. Ensuite, ils devront le dramatiser devant la classe (**jeu de rôle** : le texte à dramatiser est différent du dialogue contenu dans le texte authentique qui a été fournit aux apprenants au début de l'unité d'acquisition).

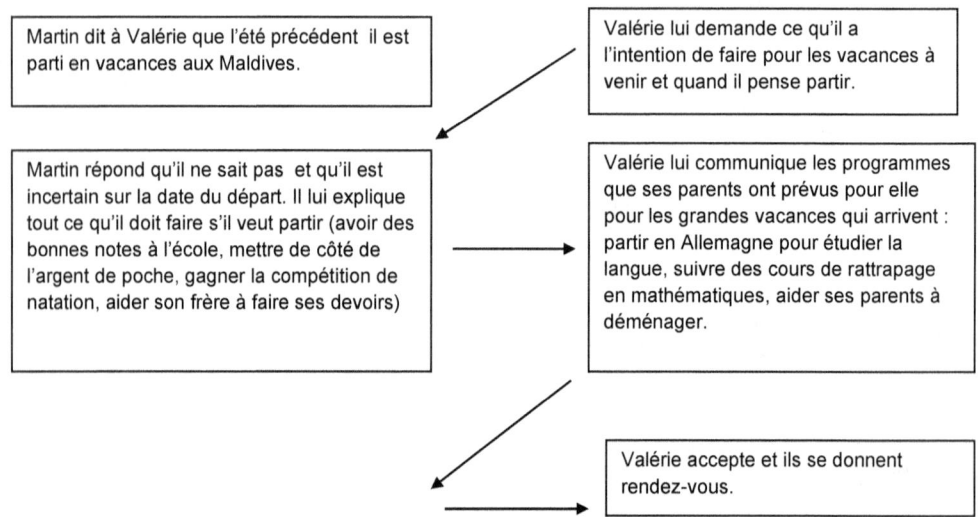

- Martin dit à Valérie que l'été précédent il est parti en vacances aux Maldives.
- Valérie lui demande ce qu'il a l'intention de faire pour les vacances à venir et quand il pense partir.
- Martin répond qu'il ne sait pas et qu'il est incertain sur la date du départ. Il lui explique tout ce qu'il doit faire s'il veut partir (avoir des bonnes notes à l'école, mettre de côté de l'argent de poche, gagner la compétition de natation, aider son frère à faire ses devoirs)
- Valérie lui communique les programmes que ses parents ont prévus pour elle pour les grandes vacances qui arrivent : partir en Allemagne pour étudier la langue, suivre des cours de rattrapage en mathématiques, aider ses parents à déménager.
- Valérie accepte et ils se donnent rendez-vous.

Production écrite (devoirs à la maison): on demande aux apprenants de raconter tout ce qu'ils font le week-end lorsqu'ils ne vont pas à l'école.

PHASE D'ÉVALUATION ET D'AUTO-ÉVALUATION (60 mn) :

- **vérification en cours, in- itinere**: (à travers les activités de production écrite et orale) et les devoirs à la maison.

Martin lui conseil de ne pas s'abattre et il lui propose de sortir au cinéma dans la soirée.

- **évaluation finale**:
- système contrôlé (conjugaison et grammaire): cloze test
-
- système non contrôlé (lexique) : production écrite libre

GRILLE D'ÉVALUATION

système contrôlé et système non contrôlé

CONJUGAISON+GRAMMAIRE+LEXIQUE :   /35
0-12 À REFAIRE   **18-22** PASSABLE   **23-27** ASSEZ BIEN   **28-32** BIEN   **33-35** TRES BIEN

À REVISER :
…………………………………………………………………………………………………...............
…..

- **auto-évaluation**: une grille est fournit aux apprenants pour évaluer personnellement leurs performances

	Oui	Non	En partie
Je sais m'orienter dans le temps			
Je sais conjuguer les verbes au présent de l'indicatif			
Je sais employer correctement les prépositions et les adverbes de temps			
Je sais relier les actions en suivant un rythme chronologique			
Je sais travailler avec mes camarades			

SYSTÈME CONTRÔLÉ

Reformulez la recette de la Tarte Tatin en conjuguant les verbes au présent de l'indicatif et en utilisant des liens temporels pour décrire les différentes phases de sa préparation.

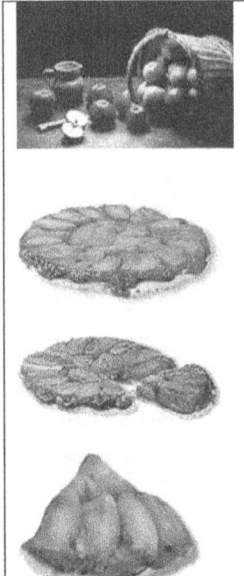

Pour faire une tarte tatin, je *prends* un moule, puis je le beurre. ……..

Prendre un moule
Beurrer le moule
Parsemer sur ce beurre 125 g de sucre semoule.
Eplucher 1kg, environ, de pommes
Couper les pommes en quartier
Déposer les pommes cote à cote
Remplir les intervalles avec de grosses tranches
Faire démarrer le four sur feux doux 10 à 15 minutes
Enfourner, à four de 180 à 200°, environ 1/4 d'heure.
Sortir
Déposer un fond de pâte feuilleté ou brisée
Remettre au four environ 1/4 d'heure
Sortir, une fois la cuisson finie
Laisser reposer quelques minutes
Poser un plat de service sur le moule
Retourner le tout vivement.
Servir tel quel, sans rien d'autre

GRILLE D'ÉVALUATION
Lexique 0-6 À REFAIRE **7-9** PASSABLE **10-11** ASSEZ BIEN **12-13** BIEN **14-15** TRES BIEN
Conjugaison (présent indicatif): **0-6** À REFAIRE **7-9** PASSABLE **10-11** ASSEZ BIEN **12-13** BIEN **14-15** TRES BIEN
Grammaire (prépositions de temps): **0-5** À REFAIRE **6-7** PASSABLE **8** ASSEZ BIEN **9** BIEN **10** TRES BIEN

SYSTÈME NON CONTRÔLÉ

Ecrivez une lettre à un ami où vous lui racontez votre journée, en parlant des activités scolaires et extrascolaires que vous avez l'habitude de faire.

PHASE DE RATTRAPAGE ET DE RENFORCEMENT

Il s'agit d'une phase de renforcement pour les apprenants qui ont bien compris et une phase de rattrapage pour ceux qui ont montré des difficultés.

L'enseignant propose un texte de civilisation proche du contenu du dialogue, qui puisse servir à la fois comme enrichissement culturel et linguistique et comme révision des données acquises.

Texte authentique proposé : les fêtes nationales en France, avec des questions de compréhension.

PARAMÈTRES POUR LA COMPRÉHENSION D'UN TEXTE ÉCRIT EN LANGUE ÉTRANGÈRE

La communication entre locuteurs de plusieurs langues est un élément déterminant pour l'entente et l'avenir social, politique, économique, culturel d'une communauté plurilingue comme la Communauté européenne d'aujourd'hui. Dans une situation de communication multilingue entre des locuteurs de langues apparentées où chacun parle sa langue et comprend celle de l'autre, la compétence de réception joue un rôle primordial.

Notre analyse, centrée sur l'enseignement/apprentissage de la compréhension écrite en langue étrangère, prend place au sein de ce vaste domaine de recherche axé sur l'intercompréhension plurilingue.

L'objectif de notre travail est de réfléchir sur les principaux paramètres qui conditionnent et/ou facilitent l'accès au sens lors de l'activité de lecture d'un texte en langue étrangère. Les études scientifiques et didactiques qui ont abordé la question de la lecture-compréhension de textes écrits en langue étrangère partagent l'idée que la construction du sens par des apprenants débutants, dans le cadre d'un parcours d'apprentissage d'une langue seconde, met en jeu des stratégies variées et engage toutes sortes de compétences que l'enseignant se doit de prendre en compte.

Nous considérons que la compréhension de textes repose sur cinq ensembles de compétences qui sont simultanément requises au cours de l'activité de lecture : des compétences de décodage, des compétences linguistiques, des compétences textuelles, des compétences référentielles, des compétences stratégiques (régulation, contrôle et évaluation par le lecteur de son activité de lecture) Par-delà la diversité des paradigmes théoriques, notre intention est d'observer comment procèdent des sujets lecteurs, dans des situations de lecture les moins expérimentales possibles et, à partir de ces observations, d'une part d'aider au mieux les apprenants à construire et à s'approprier le sens des messages et, d'autre part, de fournir des critères d'analyse opérationnels conduisant à favoriser les stratégies qui mènent à l'autonomie de l'apprenant : « l'enseignement axé sur la compréhension, encourage l'autonomie de l'apprenant et envisage la langue comme action et interaction dans un contexte socioculturel »[16]. Du point de vue de l'enseignement/apprentissage d'une langue étrangère la compréhension est la première motivation de l'apprenant : D'une manière globale, l'unique compétence visée par l'enseignement d'une langue étrangère, est la capacité à communiquer. Ce que l'élève désire, ce dont il a besoin, immédiatement et pour son avenir d'adulte, c'est être capable de communiquer avec un natif de la langue qu'il apprend, c'est-à-dire le comprendre et se faire comprendre par lui. Le savoir sur la langue, qui semble rester une priorité de l'enseignement actuel, n'a aucune valeur en soi s'il ne tend pas vers la capacité à communiquer. S'il ne sert à rien, il n'est qu'une pure accumulation de savoir stérile[17].

Gaonac'het Fayol définissent l'activité de compréhension comme « une activité complexe qui s'envisage dans une activité de résolution de problèmes au cours de laquelle le lecteur construit progressivement une représentation »[18]. En tant qu'activité cognitive, la compréhension d'un texte

---

[16] De Man – De Vriendt, Marie-Jeanne (Éd.) (2000).« Apprentissage d'une Langue étrangère/seconde. 1. Parcours et procédures de construction du sens », Bruxelles, De Boeck-Université

[17] PORCHER, Louis (2004). *L'enseignement des langues étrangères*. Paris, Hachette Éducation

[18] GAONAC'H, Daniel &FAYOL Michel (dir.) (2003)*Aider les élèves à comprendre - Du texte au multimédia*, Paris : Hachette éducation.

écrit en langue étrangère résulte d'une interaction complexe entre l'influence de la langue maternelle du lecteur, la maîtrise plus ou moins partielle ou floue qu'il possède des règles grammaticales de la langue étrangère, du niveau d'acquisition de son lexique, mais aussi, des facteurs extralinguistiques tels que son bagage socioculturel ou la motivation de ce même lecteur à comprendre un texte écrit dans une langue différente de la langue maternelle.

Dans ce qui suit, nous nous proposons de présenter une série de réflexions, issues de notre expérience professionnelle, sur les différentes voies d'accès à la compréhension d'un texte écrit en langue étrangère, le français dans le cas de nos apprenants.

Le point de départ de notre démarche part d'une constatation : le décalage dans les processus d'acquisition entre l'enseignement/apprentissage de compétences qui donnent aux formes une primauté sur les significations, au lieu d'accorder dans le processus d'acquisition plus d'importance au sens qu'aux formes qui le véhiculent. On dirait que tout le poids de l'enseignement/apprentissage d'une langue étrangère semble se consacrer à l'acquisition des différents éléments de la compétence linguistique à tous les niveaux (phonétique, grammatical, lexical, pragmatique, stylistique) dans le but d'arriver à maîtriser la production orale et écrite, laissant un peu de côté tous les problèmes associés à la réception, notamment à la compréhension écrite. En effet, pendant de nombreuses années, la compréhension a rarement fait l'objet de l'enseignement, les établissements n'accordant guère de place à une pédagogie explicite de cette compétence. En raison de l'importance consacrée à l'oral dans la didactique des langues étrangères, la compréhension a été toujours considérée comme sous-jacente à la démarche d'acquisition du code linguistique, ce qui a entraîné comme conséquence immédiate l'absence d'études approfondies proposant des stratégies d'apprentissage susceptibles d'aider les apprenants à développer des compétences d'approche au sens d'un texte écrit en langue étrangère. Autour des années 60, on commence à reconnaître l'importance, dans l'apprentissage des langues, de l'accès à la signification ce qui replace la compréhension au centre du processus d'apprentissage. Le développement de la psychologie cognitive durant les années 70 fait que l'on commence à considérer les facteurs cognitifs dans l'enseignement/apprentissage des langues ce qui favorise l'émergence en didactique des langues d'une approche axée sur la compréhension. Les travaux, entre autres, de S. Moirand (1979, 1990) et plus tard ceux de F. Cicurel (1991) ont contribué à cette réhabilitation de la lecture et de l'écrit. De nos jours, le Cadre Européen Commun de Référence pour les Langues (CECR) accorde un rôle prépondérant à la compréhension de l'écrit, tout en signalant l'importance dans l'apprentissage d'une langue étrangère des stratégies de réception (Conseil de l'Europe, 2001 : 57-59) :

Lecture ou compréhension de l'écrit
Dans les **activités de réception visuelle (lecture, ou compréhension de l'écrit)**, l'utilisateur, en tant que lecteur, reçoit et traite des textes écrits produits par un ou plusieurs scripteurs. Parmi les activités de lecture on trouve, par exemple :
– lire pour s'orienter
– lire pour information, par exemple en utilisant des ouvrages de référence
– lire et suivre des instructions
– lire pour le plaisir, etc.
L'utilisateur de la langue peut lire afin de comprendre :
– l'information globale
– une information particulière
– une information détaillée
– l'implicite du discours, etc.
Une échelle est proposée pour illustrer la compréhension générale de l'écrit et des sous-échelles pour illustrer :
– comprendre la correspondance

– lire pour s'orienter
– lire pour s'informer et discuter
– lire des instructions.

Les **stratégies de réception** recouvrent l'identification du contexte et de la connaissance du monde qui lui est attachée et la mise en œuvre du processus de ce que l'on considère être le **schéma** approprié. Ces deux actions, à leur tour, déclenchent des attentes quant à l'organisation et au contenu de ce qui va venir (*Cadrage*). Pendant les opérations d'activité réceptive, des **indices** identifiés dans le contexte général (linguistique et non linguistique) et les attentes relatives à ce contexte provoquées parle schéma pertinent sont utilisés pour construire une représentation du sens exprimé et une hypothèse sur l'intention communicative sous-jacente. On comble les lacunes visibles et potentielles du message grâce au jeu d'approximations successives afin de donner substance à la représentation du sens, et on parvient ainsi à la signification du message et de ses constituants (*Déduction*).

Les lacunes comblées par **déduction** peuvent avoir pour cause des insuffisances linguistiques, des conditions de réception difficiles, le manque de connaissance du sujet ou encore parce que le locuteur/scripteur suppose que l'on est au courant ou qu'il/elle fait usage de sous-entendus et d'euphémismes. La viabilité du modèle courant obtenu par cette procédure est vérifiée par la confrontation avec les indices contextuels et contextuels relevés pour voir s'ils « vont avec » le schéma mis en œuvre – la façon d'interpréter la situation (*Vérification d'hypothèses*). Si cette confrontation se révèle négative, on retourne à la première étape (*Cadrage*) pour trouver un schéma alternatif qui expliquerait mieux les indices relevés (*Révision d'hypothèses*).

Les difficultés que nous avons rencontrées chez quelques-uns de nos apprenants, adultes et grands débutants, au moment d'accéder au sens d'un texte écrit en langue étrangère, nous ont poussées à proposer quelques pistes ou suggestions méthodologiques, en fonction de trois variables :

☐ Le projet de lecture.
☐ La figure de l'apprenant-lecteur.
☐ Les spécificités du texte.

Étant donné que nos apprenants ont une maîtrise imparfaite des procédures de décodage, tous nos efforts se sont centrés sur le but de délimiter où se situent les sources de difficultés rencontrées par nos apprenants, et, de ce fait, déterminer sur quels points précis doit porter notre intervention pédagogique. Dans ce qui suit, nous présentons les lignes maîtresses de notre démarche.

L'objectif pédagogique de l'enseignement de la compréhension écrite vise, d'un côté, à expliciter les stratégies que doit mettre en place l'enseignant pour favoriser la réception du message écrit en langue étrangère, et de l'autre, à améliorer les compétences qui nous paraissent être les plus fragiles chez les apprenants-lecteurs en L2. Nous ne pouvons pas oublier que l'enseignant constitue l'élément central de la communication en classe, car c'est lui qui gère sa dynamique et son organisation. Son intervention a pour objectif d'aider les apprenants à *apprendre à comprendre* un texte écrit en langue étrangère. L'enseignant, en tant que médiateur, devient le facilitateur de l'accès au sens ; il est aussi chargé de préserver les conditions de réception originale. Son guidage, indispensable pour assurer la compréhension des significations référentielles et connotatives d'un texte écrit en L2, consiste à orienter l'apprenant vers un choix compatible avec le contexte donné. On pourrait synthétiser son intervention dans l'explicitation des procédures d'enseignement de la
compréhension à travers trois questions fondamentales :

☐ Comment doit procéder l'enseignant pour développer la capacité de « faire
du sens » avec l'écrit ?
☐ Quelles techniques devra-t-il mettre en œuvre dans le cadre de la réception.
de l'écrit ?
☐ Quelles habitudes de lecture devra-t-il travailler et instaurer chez
l'apprenant ?

Pour répondre à ces questions, l'enseignant doit poser des objectifs. Seuls des objectifs de lecture bien définis par l'enseignant pourront déterminer le succès de la démarche méthodologique d'accès au sens. Pour s'assurer de la viabilité de son projet, l'enseignant devra mobiliser une série de stratégies :

☐ Des stratégies de planification pour déterminer des buts, des moyens pour les atteindre et le parcours pédagogique pour effectuer la tâche.

☐ Des stratégies de pilotage ou de gestion, pour vérifier si le processus de compréhension de l'apprenant progresse en fonction des tâches en cours.

☐ Des stratégies d'évaluation pour mesurer et valider le degré de réussite de la méthode de compréhension mise en place.

L'enseignant fera une planification structurée des activités: décrire les objectifs, fixer soigneusement les stratégies et expliciter les tâches à accomplir. La diversité des procédures d'entraînement encourage les apprenants à participer activement à la construction du sens du texte, l'utilisation de différentes stratégies pour comprendre a pour but de leur faire prendre conscience du processus d'accès au sens du texte et d'atteindre un bon niveau de compréhension. L'enseignant aura atteint son objectif si au terme de l'entraînement l'apprenant a intégré de manière routinière un protocole d'accès au sens, ce qui lui permettra de faire face à toutes les situations de lecture d'un texte en langue étrangère.

Pour faciliter l'accès au sens d'un texte écrit en langue étrangère l'enseignant doit mobiliser toute une série de stratégies de pilotage qui seront fondamentales à l'heure de guider la recherche du sens de l'apprenant. Nous avons structuré ces stratégies en fonction de trois paramètres :

☐ L'activation des connaissances et des aptitudes préalables que l'apprenant lecteur peut mettre en jeu dans le processus de compréhension.

☐ Les entraînements spécifiques concernant le texte.

☐ La révision et validation des hypothèses.

L'ACTIVATION DES CONNAISSANCES ET DES APTITUDES PRÉALABLES DE L'APPRENANT- LECTEUR

Pour réussir son objectif de faire acquérir aux apprenants des compétences de compréhension écrite en langue étrangère, l'enseignant a à sa portée différents instruments d'aide pour favoriser l'accès au sens d'un texte écrit dans une langue qui lui est inconnue. Parmi les outils auxquels il peut avoir recours pour développer chez l'apprenant-lecteur la compétence de réception, nous devons considérer, en premier lieu, l'influence exercée par la langue maternelle.

L'apprenant sait lire dans sa langue maternelle : il est donc inutile de lui proposer des pratiques de déchiffrage comme s'il n'avait jamais appris à lire ; il est par contre utile de lui faire prendre conscience de ses propres stratégies de compréhension en langue maternelle et de voir s'il peut ou non les transférer en langue étrangère[19].

En effet, les apports de la langue maternelle de l'apprenant constituent un appui primordial, facilement exploitable pendant les premières phases d'approche du texte.

Malgré les réticences de quelques méthodologies d'enseignement/apprentissage des langues étrangères1 – qui préconisaient d'éviter le recours à la langue maternelle, parce qu'elles la considéraient comme une source d'obstacles qu'il fallait contourner –, il est évident que l'acquisition d'une langue étrangère est marquée par le substrat ou le patrimoine langagier de la langue maternelle. La langue maternelle reprend le rôle qui aurait toujours dû être le sien. En effet, si elle a été pendant un certain temps considérée comme un fardeau générateur de difficultés et d'erreurs, elle doit maintenant apparaître comme un stimulateur d'hypothèses, c'est-à-dire comme un appui décisif bien que non exclusif à l'activité cognitive de l'apprenant[20].

Le niveau de compétence de lecture en langue maternelle détermine les comportements et les attitudes de l'apprenant-lecteur en langue étrangère. Les stratégies que l'apprenant lecteur met en place lors de la lecture en langue maternelle, peuvent servir au moment de guider le processus de compréhension en langue étrangère, c'est pourquoi il est utile de lui faire prendre conscience de ses propres stratégies de compréhension en langue. Pour une étude approfondie des différentes approches méthodologiques en didactique du français langue étrangère et seconde v. Rivenc (2003), Comblain&Rondal (2001), Defays (2003) entre autres, maternelle car, s'il exploite au maximum toutes ses compétences, il diminuera l'impact des séquences qu'il considère opaques, ce qui lui permettra d'augmenter d'autant plus ses possibilités de déclencher des inférences sur le sens des zones opaques du texte en langue étrangère. Dans ce sens-la, il faut considérer, également, le degré de proximité entre la langue maternelle et la langue cible ; dans le cas des langues voisines, comme c'est le cas de l'espagnol et du français, le lecteur est capable de procéder à davantage d'inférences sémantiques qui facilitent la construction du sens d'un texte en L2 voisine non maîtrisée.

En plus de l'influence de la langue maternelle, tous les spécialistes en communication plurilingue insistent sur le fait que dans la phase d'approche du texte écrit en langue étrangère l'apprenant-lecteur ne part pas de zéro, mais qu'il possède un certain bagage socioculturel qui est déterminant au moment de sa confrontation au texte en L2. En effet, il existe un rapport directement proportionnel entre le degré d'expertise du lecteur et son habileté pour construire le sens d'un texte écrit dans une langue qu'il ne manie pas. Dans ce sens, on ne peut pas négliger les connaissances extralinguistiques de

---

[19] MOIRAND, Sophie (1979). *Situations d'écrits*. Paris, Clé International.

[20] DABÈNE, Louise. (1994) : « Rôle de la langue maternelle dans l'activité de compréhension écrite en langue étrangère voisine », *Langage. Théories et Applications en FLE.* Madrid, SGEL, p.177-184.

l'apprenant lecteur, la perception du monde qu'il a et son expérience vécue. L'enseignant peut utiliser ces données et exploiter certaines formes de communication écrite que l'apprenant- lecteur reconnaîtra aisément grâce à ses connaissances antérieures : textes journalistiques, publicité, dépliants touristiques, modes d'emploi, textes de sa spécialité. Donner à lire un texte de didactique dans une langue inconnue devient plus facile pour un didacticien que pour quelqu'un qui n'est pas spécialiste en la matière.

À partir des apports de sa langue maternelle, de son bagage socioculturel et de ses connaissances antérieures qui, comme nous venons de signaler, ont une grande incidence sur la compréhension d'un texte en langue étrangère, l'apprenant-lecteur, élabore *des schémas*[21] . En fonction du domaine de référence, on distingue des *schémas de contenu* qui englobent des connaissances sur le monde, les croyances, des événements concernant le sujet du texte ; des *schémas formels* où pendant l'activité de lecture l'apprenant procède au décodage des informations formelles procédant du texte : son organisation, sa structure, sa typologie ; des *schémas linguistiques* qui se rapportent aux connaissances grammaticales et lexicales en langue étrangère. De l'entrecroisement de ses aptitudes perceptives, de sa sensibilité textuelle et de l'activation des savoirs qu'il possède et qu'il a emmagasinés dans sa mémoire naît la figure d'un nouveau lecteur qui participe activement à la construction du sens du texte. La lecture-compréhension se transforme ainsi en une activité dynamique qui va au-delà du simple recueil d'informations pour devenir « *la construction de sens par un lecteur actif s'appuyant sur les indices du texte jugés les plus significatifs* »

---

[21] Claudette (1991) *Le point sur la lecture*.Paris. CLE International, coll. DEL.

LES ENTRAÎNEMENTS SPÉCIFIQUES CONCERNANT LE TEXTE
La reconstruction du sens d'un texte écrit demande la mise en place d'une série de compétences; quand l'acte de lecture se fait en langue étrangère, le lecteur se trouve dans l'impossibilité de mobiliser toutes les compétences qu'il mobilise en langue maternelle. Les connaissances linguistiques de la langue française de nos apprenants lecteurs, adultes et grands débutants, sont très limitées, cela explique qu'un pourcentage important des stratégies déployées par l'enseignant se regroupe autour de la compétence textuelle :
La compétence textuelle se met en place à partir des expériences du sujet liées à sa fréquentation des textes. Elle présente des dimensions à la fois individuelles, sociales et culturelles et peut être décomposée en un ensemble de savoirs, de savoir-faire et de représentations.
Concernant l'approche textuelle, le premier objectif sera la prise de conscience de la structure des différents types de textes, car nous estimons que l'ensemble des expériences textuelles vécues par le lecteur peut servir d'appui et jouer un rôle déterminant au cours des premières lectures en langue étrangère. L'une des premières stratégies du lecteur confronté à la compréhension d'un texte en langue étrangère est de le rattacher à un type et à un genre textuel.
Des types de textes sont inscrits et circulent dans le métalangage naturel sous forme de noms de genres [...] Bien qu'hétéroclites quand on les considère en bloc, les genres demeurent cependant, à des degrés divers, présents à la conscience de certains locuteurs, qu'ils en soient ou non directement producteurs ou consommateurs. Ils sont donc utilisables dans l'enseignement/apprentissage : vagues modèles de textes, ils sont actifs en ce qu'ils peuvent être ancrés dans la compétence communicative des locuteurs[22].
Le choix pertinent des textes écrits qui seront le support de l'enseignement constitue une étape cruciale du processus de compréhension. La sélection des textes de la part de l'enseignant pour l'élaboration d'un corpus textuel est une phase essentielle, car tout le processus de lecture dépend de la qualité et de la diversité du choix des textes.
Le savoir-lire est une compétence élaborée (une stratégie) de (ré)construction de sens prenant appui sur une série de sept compétences restreintes : la compétence verbo-prédictive : savoir compléter un énoncé " à trous ", la compétence grammaticale : avoir une conscience des structures de la langue (par exemple : le mot, la phrase), la compétence idéographique : avoir un « capital mot ». la compétence graphe-phonique : pouvoir faire l'analyse et la synthèse d'un groupe de phonèmes ou de graphèmes, la compétence fonctionnelle : savoir distinguer des supports et des types d'écrits différents et savoir adapter son comportement de questionneur en fonction du texte et de la situation, la compétence culturelle : avoir des connaissances sur le sujet à lire, la compétence tactique : s'efforcer d'intégrer des informations très diversifiées. Des tapes initiales, on présentera à l'apprenant des textes courts, de types et de genres facilement repérables, tels que des recettes de cuisine, des modes d'emploi, des faits divers; on passera ensuite à la lecture de textes à caractère explicatif, descriptif, narratif, et on laissera pour une phase ultérieure des textes plus longs et de typologie plus complexe, comme, par exemple, les textes argumentatifs. Après l'identification des caractéristiques typologiques du texte, les apprenants-lecteurs peuvent s'appuyer sur d'autres données textuelles telles que les marques discursives de cohérence, cohésion et connexion qui font progresser un texte.
Dans notre démarche nous avons structuré notre approche textuelle en deux grandes étapes, nous avons prévu deux circuits de lecture :
☐ *Un circuit court:* Il s'agit d'une étape d'approche du texte durant laquelle l'apprenant fait le repérage de l'essentiel de l'information contenue dans le texte.

---

[22] BEACCO, Jean Claude (1991). « Types ou genres ? Catégorisations des textes et didactique de la compréhension et de la production écrite », *Études de linguistique appliquée*

Il est important d'inculquer à l'apprenant l'idée que dans un texte écrit on part des signifiants et que tout texte écrit a une fonction iconique qu'on se doit de prendre en compte. Dans cette étape on doit attirer l'attention de l'apprenant sur tous les éléments du péritexte, car il s'agit de signes pertinents pour guider la découverte du sens ; c'est là qu'il va trouver l'essentiel de l'information, à travers les éléments typographiques : Titre, surtitre, sous-titre, intertitres, photos, légendes, tableaux, etc. C'est également au long de cette première approche du texte que notre apprenant-lecteur formule des hypothèses sur le(s) type(s) et le(s) genre(s) textuel(s).

☐ *Un circuit long:* Après un premier contact avec le texte, annoncé par le circuit court de lecture, l'apprenant est en disposition pour accéder à la totalité du sens du texte, une fois qu'il a été mis en situation et a pu établir le cadre de référence. Dans cette étape de confrontation au corps du texte, le guidage de l'enseignant est essentiel ; pour éviter les blocages, il doit insister sur la nécessité de faire une lecture globale du texte. Les apprenants, pour leur part, doivent prendre conscience que l'on peut lire un texte même si l'on ne connaît pas le sens de tous les mots qui le composent, que pour comprendre ce que l'auteur veut transmettre il peut opérer des inférences à partir des connaissances dont il dispose et surtout avec les informations déjà délivrées dans le texte lors du parcours du circuit court de lecture. Les allers et retours à travers le texte, l'utilisation de l'axe syntagmatique et paradigmatique, le remplissage des termes opaques par des termes sémantiquement vides sont autant de procédés d'interprétation qui conduisent l'apprenant à la construction progressive du sens du texte en langue étrangère.

Notre expérience professionnelle nous signale que l'entrée dans le corps du texte est une phase délicate pour l'apprenant-lecteur. C'est pour cela que le rôle de pilotage de l'enseignant doit présider le mode d'exploration du texte. Tous les efforts de l'enseignant doivent se concentrer sur le développement chez les apprenants de leurs capacités de compréhension globale du sens d'un texte, alors qu'ils sont encore incapables d'en comprendre chaque mot et chaque détail. Il est important d'introduire depuis le début de l'apprentissage d'une langue étrangère une technique « d'approche globale3 » des textes écrits qui cherche à pallier la méconnaissance du code linguistique. Apprendre à appréhender globalement le sens du texte suppose sensibiliser l'apprenant à une nouvelle attitude face au texte, où la lecture linéaire, doit céder le passage à une lecture décloisonnée, globale, où la lecture mot à mot, phrase à phrase doit être remplacée par une tactique d'approche textuelle. Dans cette nouvelle perspective, l'apprenant centrera son attention, au niveau de la macrostructure, sur la structuration de chaque texte pour parvenir à en dégager la thématique, la disposition des idées principales et organisation des grandes séquences. À travers le repérage des règles de cohérence textuelle et de la progression thématique, l'apprenant parviendra à reconstruire l'essentiel du sens du texte.

Le but de cette démarche textuelle est de contribuer à la réduction des blocages de l'apprenant et à la diminution progressive de la marge d'opacité du texte. Au niveau de la microstructure, l'apprenant peut construire les différents réseaux sémantiques ou isotopies, à partir du repérage des mots-clés qui parcourent le texte. Du point de vue de l'organisation lexicale, le relevé des termes formellement proches (dérivés) et sémantiquement apparentés (paronymes, hyperonymes, etc.) aideront à réfléchir sur les fonctions de ces éléments dans la recherche du sens du texte. Une démarche centrée sur les éléments lexicaux et grammaticaux du texte écrit en langue étrangère vise à éviter le piège du mot à mot. En effet, l'enseignant doit insister sur l'idée qu'un élément ne vaut pas pour lui-même, mais que son importance découle de son appartenance à un réseau syntacticosémantique. La mise en relation des différents constituants linguistiques contribue à la reconstruction du sens du texte en L2. D'autre part, l'activation des mécanismes d'inférence, dont nous avons parlé ci-dessus, conduit l'apprenant à proposer des hypothèses qui devront être soumises à tout un processus de validation.

LA RÉVISION ET LA VALIDATION DES HYPOTHÈSES

Comme nous l'avons signalé ci-dessus, le circuit court de lecture a pour fonction d'établir un cadre de référence et de sensibiliser l'apprenant-lecteur à la « perception des signes visuellement prégnants »[23], fournis par les données typographiques (titres, sous-titres, intertitres, chapeaux, légendes, etc.). Ces éléments suscitent un horizon d'attente, activent un schéma de représentation qui conduit l'apprenant-lecteur à la formulation d'hypothèses, à caractère provisoire. Lors du circuit long de lecture, l'apprenant-lecteur devra confirmer les hypothèses de sens avancées dans l'étape d'approche externe.

Les différentes études sur le domaine de l'intercompréhension plurilingue insistent sur l'importance de découvrir dans le texte des indices porteurs de sens. Portine définit les indices comme « l'ensemble des éléments à extraire du texte et la façon dont ils se combinent entre eux pour donner une image globale de la signification »[24]. Toute construction de sens repose sur une ou des impressions référentielles, qui se complètent, se confirment, s'annulent ou se remodèlent au fil de la lecture.

Le « sens » d'un texte serait perçu au travers de son organisation linguistique et les articulateurs, les mots-clés, les relations anaphoriques sont alors autant de repères pour le lecteur, repères qui surgissent du contexte linguistique mais qui viendront éclairer le savoir antérieur du lecteur et ses connaissances extralinguistiques. Après une première perception, très globale, réalisant un balayage de l'aire du texte, le lecteur mobiliserait donc d'une part les données de son expérience du monde, de son vécu quotidien et d'autre part sa connaissance des modèles syntaxiques sémantiques de la langue. Ainsi pourra-t-il inférer l'organisation du sens du texte à partir d'hypothèses issues de points de repérage et des liens qu'ils entretiennent entre eux. L'enseignant joue un rôle essentiel dans cette étape de découverte des indices, il doit encourager l'apprenant-lecteur devant les blocages, le soutenir dans le processus de prélèvement d'indices qui structurent le sens du texte. À partir des indices répertoriés, l'apprenant construit l'inventaire des éléments pertinents du texte, procède à la formulation d'un réseau d'hypothèses interprétatives, fondées sur la contextualisation et les approximations successives, qu'il faudra ensuite confirmer ou infirmer. Grâce à cette dynamique interprétative, l'apprenant construit une représentation de l'intention communicative sous-jacente et du sens exprimé par le texte. À mesure que l'apprenant valide ses hypothèses formelles, thématiques, il efface les incertitudes que le texte présentait au début et parvient à dévoiler progressivement la signification du message et de ses constituants. La mobilisation des différentes compétences en compréhension mises en place par l'apprenant, convenablement guidé par l'enseignant, doit aboutir au développement progressif des stratégies permettant à l'apprenant de travailler en autonomie.

En conclusion on peut dire que la lecture d'un texte en langue étrangère est un processus complexe et dynamique qui varie en fonction de différents paramètres tels que la figure du lecteur, le texte, les objectifs et les tâches de lecture, les stratégies de lectures mises en place, la situation du contexte d'expérimentation. On peut démontrer que les prérequis des apprenants jouent un rôle déterminant dans l'approche du texte en langue étrangère maîtrisée et l'idée que, parmi les procédures de décodage déployées par nos apprenants lors de la lecture, la structure textuelle occupe une place fondamentale. La voie d'approche du sens du texte que nous avons empruntée, naît de l'interaction entre ses caractéristiques textuelles, d'une part, et les connaissances et aptitudes de l'apprenant, de l'autre. À partir d'une démarche méthodologique en deux étapes et pertinemment guidé par la figure du médiateur enseignant, notre apprenant mobilise une série de stratégies d'accès au sens du texte, qui en dévoilent petit à petit les zones d'ombres et font avancer l'apprenant dans le cheminement d'une

---

[23] MOIRAND, Sophie (1979). *Situations d'écrits*. Paris, Clé International.

[24] PORTINE, Henri (1983). *L'argumentation écrite – Expression et communication.* BELC, Hachette.

participation active, au moyen d'une procédure de compréhension qui demande la mobilisation de processus mentaux qui conduisent, à la fin du parcours, à un apprentissage autonome.

UNITÉ D'APPRENTISSAGE
DE LITTÉRATURE FRANÇAISE

Titre: Mérimée - *Mateo Falcone*
Classe:
Composition: 20 élèves dont 11 filles et 9 garçons
Age: 17-18 ans
Niveau: CCER B1
Période: début d'année scolaire
Temps: 3/4 heures
Méthode: notionnelle – fonctionnelle – situationnelle (de façon directe et indirecte, inductive et déductive)
Approche: communicative
Moyens et matériaux didactiques: tableau noir, document authentique, magnétophone, audiocassette, fiches
Objectifs:

CONNAISSANCES	COMPÉTENCES	CAPACITÉS
- connaître l'œuvre, l'auteur, la période historique - connaître la thématique de l'enfance (infanticide).	- Savoir lire, comprendre et interpréter de façon guidée et autonome un texte littéraire dans ses différents niveaux (lexical, sémantique, sémiologique) - Savoir interroger un texte littéraire : savoir repérer des informations sur le sujet, les personnages, l'espace, le temps, les techniques de la narration.	**Objectifs Cognitifs :** - capacité d'exprimer une réflexion critique sur le texte analysé, savoir exprimer son propre point de vue. - Capacité d'identifier les messages explicites et implicites du texte littéraire - Savoir reconstruire la pensée de l'auteur - Savoir « mettre en réseau le texte » avec d'autres lectures précédentes **Objectifs Socio-affectifs, relationnels:** - capacité d'instaurer des rapports interpersonnels avec le groupe - capacité de se rendre autonome en ce qui concerne l'organisation du travail

pré-écoute - motivation	Dénotation Globalité		analyse – synthèse - réflexion : Connotation et exploitation	contrôle – vérification: évaluation et auto-évaluation
	Écoute et Lecture extensive	Lecture intensive et silencieuse	Lecture analytique, individuelle ou en groupe, et silencieuse	
	Compréhension	globale du texte	Compréhension analytique et sélective du texte	
- Coopérative-learning - Brain storming (20 mn.)	Présentation de l'auteur et de son œuvre écoute du texte (2 fois) avec magnétophone questionnaire simple pour vérifier la compréhension globale du texte. (20mn) Le **texte authentique** est fournit aux apprenants. **Réécoute** et lecture par séquences effectuée par l'enseignant: fixage de la phonétique, de la prononciation. Les apprenants répètent à **haute voix** (**lecture expressive**), ils s'enregistrent et se réécoutent (devoirs à la maison). Exercice de **discrimination phonétique**. Exercice d'**approfondissement lexical**.	-questionnaire **simple** - questionnaire **vrai/faux** - questionnaire à **choix multiples** (devoirs à la maison) (20mn)	Compréhension et explication du nouveau vocabulaire : coopérative-learning : problem- solving et cloze **Analyse de la structure du texte** : problem-solving **Analyse du système d'énonciation** **Analyse grammaticale** **Analyse du cadre spatio-temporel** **Analyse des personnages** (60mn) **Questionnaire**: **réflexion** à l'oral en classe et à l'écrit comme devoirs à la maison. **Analyse contrastive**	vérification en cours, in- itinere: (phase d'exploitation à travers les activités de production écrite et orale) et les devoirs à la maison évaluation finale: - production écrite libre - Compréhension des techniques de l'analyse littéraire : cloze (1h) auto-évaluation: grille pour évaluer personnellement les performances des apprenants

| | (20mn.) | | (30mn.) | |

Mérimée, *Mateo Falcone*
(La Revue de Paris le 5 mai 1829)

| 1 | Il se passa près de dix minutes avant que Mateo ouvrît la bouche. L'enfant regardait d'un œil inquiet tantôt sa mère et tantôt son père, qui, s'appuyant sur son fusil, le considérait avec une expression de colère concentrée.
« Tu commences bien ! dit enfin Mateo d'une voix calme, mais effrayante pour qui |
| 5 | connaissait l'homme.
- Mon père ! » s'écria l'enfant en s'avançant les larmes aux yeux comme pour se jeter à ses genoux.
Mais Mateo lui cria :
"Arrière de moi !" |
| 10 | Et l'enfant s'arrêta et sanglota, immobile, à quelques pas de son père.
Giuseppa s'approcha. Elle venait d'apercevoir la chaîne de la montre, dont un bout sortait de la chemise de Fortunato.
« Qui t'a donné cette montre ? demanda-t-elle d'un ton sévère.
- Mon cousin l'adjudant. » |
| 15 | Falcone saisit la montre, et, la jetant avec force contre une pierre, il la mit en mille pièces.
« Femme, dit il, cet enfant est il de moi ? »
Les joues brunes de Giuseppa devinrent d'un rouge de brique.
« Que dis tu, Mateo ? et sais tu bien à qui tu parles ? |
| 20 | - Eh bien ! cet enfant est le premier de sa race qui ait fait une trahison. »
Les sanglots et les hoquets de Fortunato redoublèrent, et Falcone tenait ses yeux de lynx toujours attachés sur lui. Enfin il frappa la terre de la crosse de son fusil, puis le rejeta sur son épaule et reprit le chemin du maquis en criant à Fortunato de le suivre. L'enfant obéit. |
| 25 | Giuseppa courut après Mateo et lui saisit le bras.
« C'est ton fils, lui dit-elle d'une voix tremblante en attachant ses yeux noirs sur ceux de son mari, comme pour lire ce qui se passait dans son âme.
- Laisse-moi, répondit Mateo ; je suis son père. »
Giuseppa embrassa son fils et rentra en pleurant dans sa cabane. Elle se jeta à genoux |
| 30 | devant une image de la Vierge et pria avec ferveur. Cependant Falcone marcha quelque deux cents pas dans le sentier et ne s'arrêta que dans un petit ravin où il descendit. Il sonda la terre avec la crosse de son fusil et la trouva molle et facile à creuser. L'endroit lui parut convenable pour son dessein.
« Fortunato, va auprès de cette grosse pierre. »
L'enfant fit ce qu'il lui commandait, puis il s'agenouilla.
« Dis tes prières.
- Mon père, mon père, ne me tuez pas !
- Dis tes prières ! » répéta Mateo d'une voix terrible.
L'enfant, tout en balbutiant et en sanglotant, récita *le Pater* et *le Credo*. Le père, d'une voix forte, répondait *Amen* ! à la fin de chaque prière.
« Sont ce là toutes les prières que tu sais ?
- Mon père, je sais encore l'*Ave Maria* et la litanie que ma tante m'a appris.
- Elle est bien longue, n'importe. »
L'enfant acheva la litanie d'une voix éteinte.
« As-tu fini ?
- Oh ! mon père, grâce ! pardonnez-moi ! je ne le ferai plus ! Je prierai tant mon cousin le |

caporal qu'on fera grâce au Gianetto ! »
Il parlait encore ; Mateo avait armé son fusil et le couchait en joue en lui disant :
« Que Dieu te pardonne ! »
L'enfant fit un effort désespéré pour se relever et embrasser les genoux de son père ; mais il n'en eut pas le temps. Mateo fit feu, et Fortunato tomba roide mort.
Sans jeter un coup d'œil sur le cadavre, Mateo reprit le chemin de sa maison pour aller chercher une bêche afin d'enterrer son fils. Il avait fait à peine quelques pas qu'il rencontra Giuseppa, qui accourait alarmée du coup de feu.
« Qu'as tu fait ? s'écria t elle.
- Justice.
- Où est-il ?
- Dans le ravin. Je vais l'enterrer. Il est mort en chrétien je lui ferai chanter une messe. Qu'on dise à mon gendre Tiodoro Bianchi de venir demeurer avec nous. »

DEMARCHE DE L'UNITE D'APPRENTISSAGE

PHASE DE PRÉ-ÉCOUTE (20 mn):

Cette phase a comme but de **motiver** les apprenants.
Les apprenants, divisés en groupe (**coopérative- learning**) observent avec attention les images (affichée au tableau noir) et formulent librement des hypothèses (absence d'évaluation de la part de l'enseignant : c'est un moment où les apprenants peuvent s'exprimer sans restrictions) avec l'aide de la grille fournie.
On demande aux apprenants de donner un titre aux images.

Brain- storming:

PHASE D'ÉCOUTE (20 mn):
C'est un moment **d'ouverture sur le sujet.**

PRESENTATION DE L'AUTEUR ET DE L'OEUVRE :
Avant de faire écouter le texte, l'enseignant fait un cours synchronique sur **l'auteur et la période historique** ; il introduit l'**œuvre** dont le morceau est tiré et cite sa date de publication.

> Prosper Mérimée (1803-1870) fut le seul grand nouvelliste de la première moitié du **XIXème siècle.**
> La nouvelle est un court récit où les registres et les tons s'alternent : comique et tragique se mêlent adroitement.
> Mérimée découvre la **Corse** dans les livres (documents de mœurs, chroniques historiques) et immédiatement ce pays encore mal connu le passionne. ***Mateo Falcone***, publié en **1829 dans *la Revue de Paris***, est son premier « récit Corse ». La fascination que cette nature « sauvage et primitive » exerce sur lui va le porter à la visiter et à s'en passionner. En juillet 1840, Colomba est publié à Paris dans la *Revue des Deux Mondes*.
>
> L'œuvre raconte **l'histoire** d'un berger qui a dénoncé, pour de l'argent, un fugitif. Le bandit réussit à se cacher dans la maison d'un petit garçon de 10 ans. Cependant, celui-ci le trahi pour une montre. Son père, se considérant comme déshonoré par l'enfant qui est devenu un traître, le condamne à mort et l'exécute pour prix de trahison.
> Cette brève nouvelle est particulièrement représentative des mœurs et du tempérament corses.

On invite les apprenants à compléter la grille suivante :

Auteur	Titre de l'œuvre	Date de publication	Genre littéraire

ECOUTE DU TEXTE : COMPREHENSION GLOBALE :
Les apprenants écoutent 2 fois le texte avec l'aide du **magnétophone**.
On pose des questions très simples pour vérifier la **compréhension globale** du texte:
- Qui sont les personnages ?
- Où sont-ils ?
- Quand se déroule la scène ?
- De quoi parle le texte ?

PHASE DE LECTURE EXTENSIVE (20 mn):
On fournit aux apprenants le **texte authentique** et on leur fait **réécouter** par séquences (le texte est lu par l'enseignant).
Les apprenants fixent la **phonétique et la prononciation** (alphabet phonétique), et l'**intonation** (signes graphiques pour indiquer : ↗ ↘ //)
Exercice de **lecture expressive** : les apprenants lisent à haute voix le texte. La correction éventuelle de l'enseignant a lieu à la fin de la lecture, pour ne pas interrompre les apprenants.
On fait réécouter une autre fois le texte à l'aide du magnétophone.
Devoirs à la maison: les apprenants s'enregistrent et se réécoutent.

Exercice de discrimination phonétique : on demande aux apprenants de repérer, dans les passages suivants :

- Les allitérations en [r] : « *Il sonda la terre avec la crosse de son fusil et la trouva molle et facile à creuser.* »
- La voyelle nasale [ã] : « *Giuseppa embrassa son fils et rentra en pleurant dans sa cabane* ».

Exercice d'approfondissement lexical :

1. L'enfant regardait d'un **œil/yeux** inquiet sa mère.
2. Elle venait d'apercevoir la **chaîne/chêne** de la montre.
3. la **crosse/crasse** de son fusil.
4. Mateo prit le chemin du **maquis/marquis**
5. Le père, d'une **voix/voie/voit** forte, répondait Amen !
6. La terre lui parut facile à **creuser/croiser**.

PHASE DE LECTURE INTENSIVE ET SILENCIEUSE (20 mn):

C'est une phase de **dénotation** du texte. On veut vérifier la **compréhension globale**.
Les apprenants peuvent confrontés les hypothèses faites lors de l'écoute orale du texte.
On propose aux apprenants des exercices structurés pour mesurer leurs connaissances, et on leur indique comment se corriger eux-mêmes, afin de favoriser une certaine autonomie.
On propose aux apprenants **un questionnaire simple** :

> - Qui sont les personnages ?
> - Où se trouvent les personnages ?
> - Quand se déroule la scène ?
> - De quoi est-ce que l'on parle ?
> - Quel titre proposeriez-vous pour ce texte ?

On propose aux apprenants **un questionnaire vrai/faux plus spécifique** :

> Lisez le texte et indiquez, à l'aide d'une croix « X » si les affirmations suivantes sont vraies ou fausses.
>
> Auto-correzione dell'apprendente : punteggio : 1 punto per le risposte esatte ; 0 punti per le risposte omesse o sbagliate.
>
> | | VRAI | FAUX |
> |---|---|---|
> | 1. Fortunato est terrorisé par son père Mateo Falcone. | | |
> | 2. Giuseppa est une femme très dévouée à la Vierge Marie. | | |
> | 3. Mateo Falcone tue son fils avec une bêche qu'il porte sur les épaules. | | |
> | 4. Avant de tuer son fils, Mateo Falcone lui creuse sa tombe. | | |

<u>Devoirs à la maison</u>: **questionnaire à choix multiples encore plus détaillé (lecture explorative du texte)** : les apprenants, pour répondre, doivent reparcourir le texte en entier.

> Choisissez et entourez, parmi les 4 affirmations qui vous sont données, celle que vous considérez la plus exacte.
> Auto- correzione : Punteggio : 3 punti per ogni risposta esatta – 0 punti per ogni risposta omessa o sbagliata.
>
> - Fortunato est un enfant:
>   a. Soumis
>   b. rebelle
>   c. timide
>   d. heureux
> - Giuseppa est une femme :
>   a. Maltraitée par son mari
>   b. Respectée par son mari
>   c. Soumise aux ordres de son mari
>   d. Autoritaire sur son mari
> - Mateo Falcone est un père :
>   a. sévère
>   b. généreux
>   c. responsable
>   d. affectueux

PHASE D'ANALYSE, DE REFLEXION ET DE SYNTHÈSE (60 mn)
C'est une phase de **connotation et d'exploitation** du texte qui peut s'effectuer à travers :
- une lecture analytique, individuelle et silencieuse.
- une lecture analytique en groupe : chaque groupe s'occupe d'un aspect du texte et, lors de la phase d'intergroupe, les apprenants peuvent se confronter.

Les apprenants procèdent de façon inductive et, parfois, déductive.

1. **Explication du nouveau vocabulaire** : l'enseignant doit faire comprendre les mots dont on ignore le sens sans les traduire. (à partir du contexte, avec le dictionnaire monolingue).

COOPERATIVE LEARNING : les apprenants sont divisés en groupe : chaque groupe effectue cette activité, puis, dans la phase d'intergroupe, les apprenants peuvent confronter leurs réponses et se corriger eux-mêmes.

PROBLEM SOLVING : complétez les mots croisés ci-dessous en recherchant les réponses aux définitions dans le texte :

1↓	formation végétale composée d'arbustes, difficilement pénétrable, et refuge des bandits.	
2↓	Arme à feu	
3↓	Larme, pleur	
4→	Contraction spasmodique du diaphragme	
5↓	Se montrer déloyal et traitre envers quelqu'un	
6→	Partie postérieure d'une arme à feu que l'on tient ou	
7→	Un petit chemin	
8→	Vallé creuse et profonde	
9→	Avoir une intention, un projet, un objectif	
10↓	Outil de jardinage qui sert à retourner la terre.	

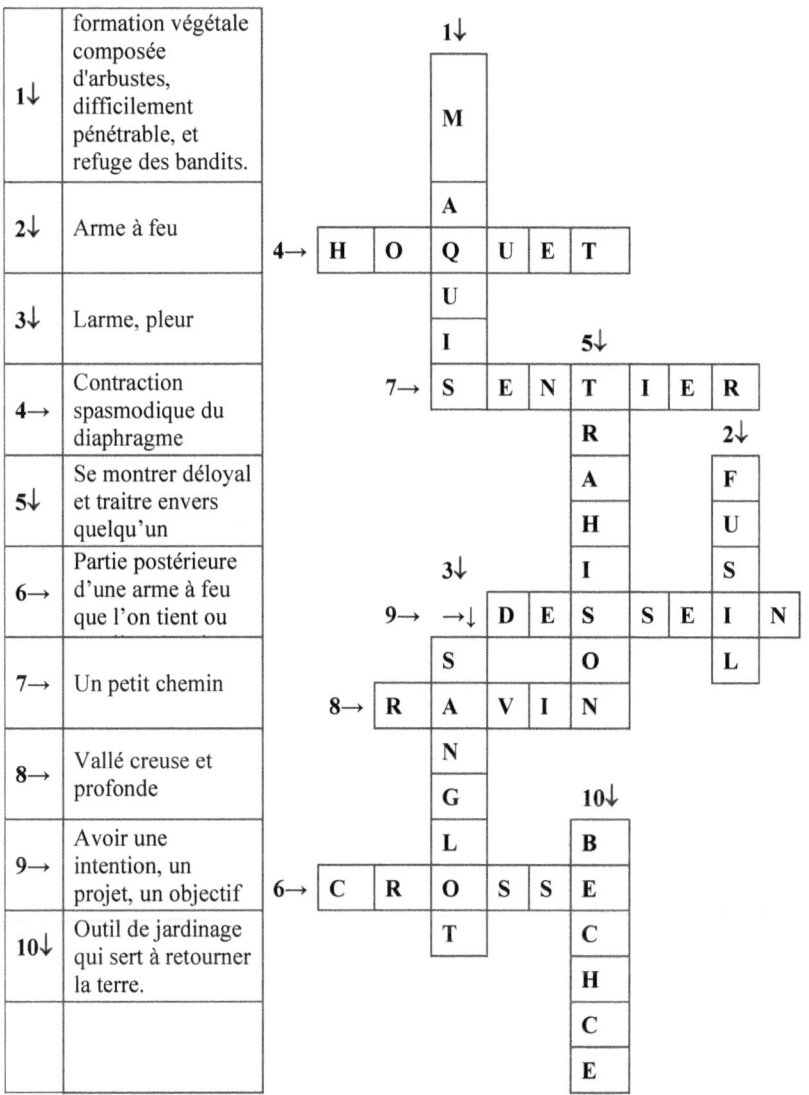

Devoirs à la maison :

Cloze sur le nouveau lexique rencontré dans le texte : remplissez les espaces vides avec les termes adéquats :

Mateo Falcone accuse son fils de ………………. Devant la colère de son père, Fortunato éclate en ………….. . Mateo Falcone prend son ………… et se dirige vers le …………….. Il emmène Fortunato dans un ………… et, avant de le tuer, il contrôle que la terre soit facile à creuser avec la ………… de son fusil. Très froidement il tire sur lui et reprend le ………….. pour rentrer chez lui et aller chercher une ………… pour creuser sa tombe.

2. Analyse de la structure du texte

PROBLEM SOLVING : on demande aux apprenants de repérer les différentes séquences du texte en s'aidant des titres suggérés ci-dessous à remettre dans l'ordre, et de compléter la grille suivante :

a. L'annonce de la mort de Fortunato aux villageois.
b. La colère de Mateo Falcone et de sa femme envers leur fils Fortunato.
c. Les prières de Fortunato.
d. Fortunato accusé de trahison.
e. La mort de Fortunato.
f. Les adieux d'une mère à son fils.
g. Le départ pour le maquis.

Lignes	Mots ou phrases clés	Type - séquences statiques : description, réflexion, - séquences dynamiques : action, dialogue	Titre

Quel type d'énoncé est prédominant ?

Devoirs à la maison : faites un résumé guidé du texte en vous aidant de la grille que vous avez complétez auparavant.

3. Analyse du système d'énonciation : l'enseignant procède de façon déductive et parfois inductive : on fait analyser aux apprenants le type de texte, la position du narrateur et de l'auteur, les interventions des personnages dans le texte :

Il s'agit :
d'un texte dialogué ⬭   d'un texte narratif ⬭   d'un texte descriptif ⬭

Il s'agit, plus précisément :
d'un texte dialogué au discours direct ⬭
d'un texte dialogué au discours indirect ⬭

Complétez le tableau suivant en faisant quelques exemples (en indiquant les lignes) et en répondant aux questions :

Discours direct		Discours indirect	
Lignes		lignes	
Quelles sont les marques typographiques du discours direct ?			

Mateo Falcone, sa femme et Fortunato parlent :
au discours direct ⬭
au discours indirect ⬭

A quelle personne parlent-ils ?
première personne ⬭
troisième personne ⬭

le narrateur est :
présent ⬭
absent ⬭

La voix du narrateur apparait :
au discours direct ⬭
au discours indirect ⬭

A quelle personne parle-il ?
première personne ⬭
troisième personne ⬭

Le narrateur raconte :
une expérience personnelle ⬭
une expérience fictive (imaginaire) ⬭
des évènements arrivés à d'autres personnages ⬭

L'enseignant, déductivement, explique les différents points de vue de la narration et pose aux apprenants la question suivante :
le narrateur est :
un personnage de l'histoire (point de vue interne) ⬭
un témoin externe de l'histoire (point de vue externe) ⬭
un témoin externe mais qui connaît tout sur les faits rapportés (point de vue par en-dessus). ⬭

Le narrateur intervient pour :
rapporter le plus objectivement possible les propos des personnages tels qu'ils ont été prononcés ⊂⊃
faire des commentaires personnels sur les faits racontés ⊂⊃

L'enseignant explique aux élèves que Prosper Mérimée ne visitera la Corse que 10 ans après avoir écrit cette brève nouvelle de *Mateo Falcone* en qualité d'Inspecteur des Monuments historiques. Lorsqu'il écrit ce bref récit, ses connaissances de la Corse ne sont que littéraires.
En tenant compte de cela, l'enseignant pose aux apprenants les questions suivantes:

l'auteur : (l'auteur est un témoin fictif, c'est le narrateur qui raconte et qui est un observateur externe des évènements décrits)
intervient ⊂⊃
n'intervient pas ⊂⊃

Auteur et narrateur coïncident-ils ?
Oui ⊂⊃
non ⊂⊃

4. Analyse grammaticale :
Repérez :

les interventions du narrateur *(indiquez les lignes)*:	Les interventions des personnages *(donner un exemple)* :	Les interventions de l'auteur
A quel temps sont les verbes de ces propositions ?	Quels temps utilisent Mateo Falcone, sa femme et Fortunato quand ils s'entretiennent (= conversent) ?	L'auteur veut nous communiquer quelque chose ? Laisse-t-il apparaître ses sentiments, ses émotions ? Fait-il des commentaires moralisant sur les faits racontés ? Se montre-t-il pathétique, complaisant, … ? (il ne fait aucun commentaire. Il n'intervient pas.)
Expliquez l'emploi du - PASSE SIMPLE	Expliquez l'emploi du - PRESENT	Quel est son style ? (Il écrit de façon sobre, précise, concise, rigoureuse ; les développements psychologiques ou descriptifs sont quasi-absents.)

L'enseignant explique aux apprenants, de façon inductive, l'emploi du présent et l'emploi du passé simple :
Le <u>présent</u> s'emploie lorsqu'une action s'accomplie au moment où l'on parle. Le présent est utilisé dans les dialogues au discours direct entre deux personnages qui ont lieu à la première personne, où bien quand le narrateur intervient pour commenter des faits et exprimer des jugements personnels sur ces faits.
Le <u>passé simple</u> est utilisé pour raconter des faits qui ont eu lieu dans le passé et qui sont complètement achevés au moment où le narrateur les rapporte.

5. Le cadre spatio-temporel :
on fait rechercher aux apprenants tous les renseignements concernant l'espace et le temps :
o **l'espace :**
- Une description des lieux est-elle présente ?
- Est-elle précise ou vague ?
- S'agit-il d'un lieu fictif ou réel ?
- Y a-t-il une évolution des lieux (un déplacement) tout au long du récit ?
- Que représente ce lieu pour les personnages ?

L'enseignant explique aux apprenants ce que représente le « maquis » pour un Corse et ce que représente « l'habitation » pour cette population.

- Le maquis : lieu où se cachent les bandits et où est accomplie la « vendetta » (la vengeance).
- La maison : symbole d'hospitalité

○ **le temps :**
- Le texte contient-il des éléments qui nous permettent de comprendre la période historique dans laquelle ont lieu les évènements narrés ?
- Le temps de la narration : les évènements racontés respectent-ils un ordre chronologique bien précis ?
- Pour bien comprendre ce qu'il se passe, a-t-on besoin de reconstituer l'ordre chronologique des évènements ?
- Le temps de l'histoire : en combien de temps se déroule les évènements ?
- Le temps de la narration correspond à l'ordre de présentation des évènements dans le texte ?
- Temps de la narration et temps de l'histoire coïncident-ils ?
- y a-t-il une évolution dynamique de la narration ?
- L'atmosphère de tension suscitée par les évènements narrés est-elle croissante ou constante tout au long du texte ?
- De quelle manière est racontée la scène de l'exécution finale ? (avec une extrême sobriété)
- De quel type de fin s'agit-il ? réflexive, tragique, comique, heureuse, …. (La scène se termine de façon tragique, avec un dialogue dont les dernières paroles sont lourdes de sens).

6. Analyse des personnages :
On demande aux apprenants de repérer tous les qualificatifs et les attributs qui permettent de caractériser les personnages, à l'aide d'une grille :

Leurs prénoms	Leurs comportements : Comment agissent-ils ?	Leurs sentiments : qu'éprouvent-ils ? (attention aux expressions du visage, au ton de la voix)	Rôle qu'ils assument dans la famille	Leur personnalité (citez un seul adjectif pour la caractériser)
Mateo Falcone				
Giuseppina				
Fortunato : Pourquoi l'auteur lui a-t-il donné ce prénom ?				

- On demande aux apprenants de faire une caricature des personnages (dessin).

7. réflexion sur le texte (30 mn)**: travail collectif au groupe classe :** questions que l'on pose aux apprenants, à l'oral en classe et à l'écrit (travail individuel) comme devoirs à la maison.
- Comment se comporte un Corse à l'égard d'un fils qui a déshonoré sa famille ?
- Que pensez-vous du comportement de Mateo Falcone qui tue aussi cruellement son fils?
- Pourquoi se comporte-t-il ainsi ? Quelles sont les raisons qui le poussent à tuer son propre fils ? (trahison qui a eu lieu dans sa propriété, symbole d'hospitalité pour un Corse)
- Pourquoi, à votre avis, a-t-il agit ainsi ? Quel est son point de vue ? (l'exécution et le meurtre du petit traître apparaissent comme un sacrifice rituel de purification aux yeux de Mateo Falcone)
- Pourquoi Fortunato ne se rebelle pas contre son père ? (le père est le chef de famille auquel tous les membres sont soumis.).

- Qu'est-ce qui rend encore plus tragique le fait que le traitre soit un enfant de 10 ans ?
- Mateo Falcone, avant de tuer son fils Fortunato, lui dit *« que Dieu te pardonne. »*. Expliquez la phrase. Ne semble-t-elle pas contradictoire par rapport aux évènements qui ont lieu ? (la phrase aurait dû être : « que Dieu me pardonne de tuer mon propre fils avec autant de froideur »)
- Comment Mateo Falcone traite-t-il sa femme Giuseppina ?
- Expliquez la phrase : *« Laisse-moi, répondit Mateo ; je suis son père. »* (ligne 26) (Mateo Falcone ne peut même pas imaginer que son autorité de chef de famille puisse être contestée)
- Quel est le statut social de la femme corse ? (Giuseppina représente le stéréotype de la femme Corse : elle apparait comme une esclave malheureuse et méprisée en face d'un homme qui se révèle comme un tyran orgueilleux:).
- Trouvez-vous déconcertant les comportements qu'assument les personnages face aux évènements ?
- Quels aspects de la culture Corse apparaissent dans ce texte ? (la religion, l'hospitalité, la vengeance, la famille patriarcal).

8. Analyse contrastive :
- Connaissez-vous d'autres auteurs ou d'autres œuvres dans lesquelles des situations semblables et le thème de l'infanticide se retrouvent ? (Cesare Pavese *Paesi Tuoi* ; il concetto di Œdipe)

PHASE D'ÉVALUATION ET D'AUTO-ÉVALUATION (60 mn) :

- **vérification en cours, in- itinere**: (à travers les activités de production écrite et orale) et les devoirs à la maison.

- **évaluation finale**:
- Pour la production écrite : activité créative libre : on propose aux apprenants la réécriture du passage étudié en changeant le narrateur ou/et en changeant le point de vue adopté (le nouveau texte pourrait être, par la suite, dramatisé à l'oral par les apprenants sous la forme d'un jeu de rôle).

- Pour vérifier la compréhension des techniques de l'analyse littéraire : cloze (exercice à trous)

Remplissez les espaces vides à l'aide des mots dans la grille:

Sévère - nouvelle - présent - témoin externe – victime - soumise – histoire - passé simple - auteur - chronologique – première – religieuse – dynamique - constante - tragique - stéréotype - orgueilleux

Mateo Falcone est une brève …………………… de Prosper Mérimée écrite en 1829.
Le narrateur est un ………………………. des faits qu'il décrit.
L'……………. n'intervient pas : il n'exprime ni émotions, ni commentaires.

Le ……………. s'emploie lorsqu'une action s'accomplit au moment où l'on parle et il est utilisé dans les dialogues au discours direct entre deux personnages qui ont lieu à la première personne.
Le ………………… est utilisé pour raconter des faits qui ont eu lieu dans le passé et qui sont complètement achevés au moment où le narrateur les rapporte.
Le narrateur raconte une ………………… où les évènements se succèdent de manière ………………. Une évolution ………………… de la narration est présente, même si l'atmosphère de tension suscitée par les évènements narrés est ……………… tout au long du texte. En effet, même si la scène finale est …………………, elle est racontée avec une extrême sobriété.

Mateo Falcone est un père …………………….. et …………………………. .
Giuseppina représente le …………………… de la femme Corse : elle est extrêmement ………….. et ……………... aux hommes de sa famille.
Fortunato est une ………………… qui obéit sans protester.

- **auto-évaluation**: une grille est fournie aux apprenants pour évaluer personnellement leurs performances

	Oui	Non	En partie
Je sais lire et comprendre un texte littéraire			
Je sais reconstruire la pensée de l'auteur			
Je sais reconnaitre les messages implicites ou explicites contenus dans un texte littéraire.			
Je sais travailler avec mes camarades			

PHASE DE RATTRAPAGE ET DE RENFORCEMENT (60 mn)
Il s'agit d'un moment de :
- **renforcement** pour les apprenants qui ont bien compris
- **rattrapage** pour les apprenants qui ont montré des difficultés.

On propose aux apprenants d'analyser un texte tiré d'une œuvre du même auteur, *Colomba,* qui reprend les mêmes noyaux thématiques analysé en classe.
Les apprenants doivent analyser ce nouveau texte selon les activités entreprises dans les phases développées dans l'unité.

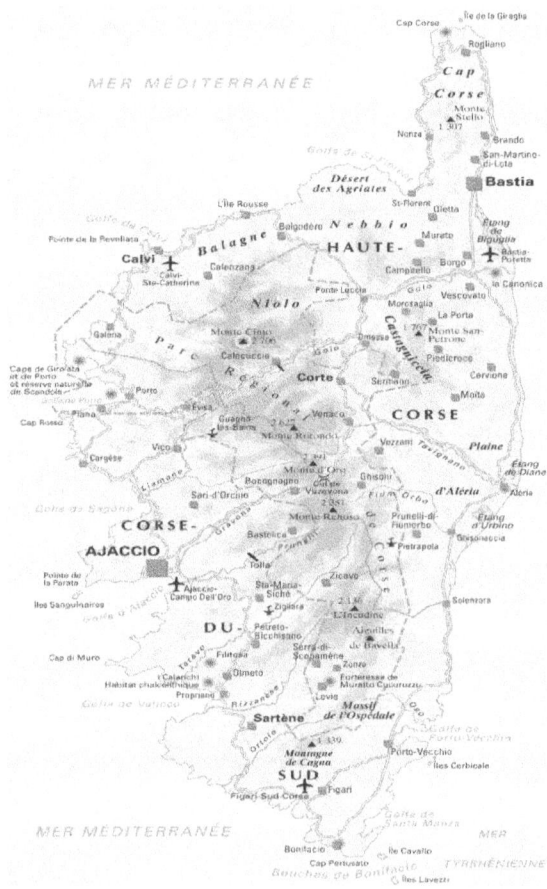

UNITÉ D'APPRENTISSAGE
DE LITTÉRATURE FRANÇAISE

Titre: Emile Zola - *Germinal*
Classe: deuxième année du lycée
Composition: 20 élèves dont 11 filles et 9 garçons
Age: 16-17 ans
Niveau: les apprenants possèdent une bonne compétence linguistique et communiquent de façon correcte. Niveau B1 du Cadre commun européen de référence.
Pré-requis : les apprenants ont déjà développé les fonctions au niveau conatif, émotif, poétique. Les apprenants ne connaissent pas l'auteur ni la période historique à laquelle il appartient.
Période: début d'année scolaire
Temps: 3/4 heures
Méthode: notionnelle – fonctionnelle – situationnelle (de façon directe et indirecte, inductive et déductive)
Approche: communicative
Moyens et matériaux didactiques: tableau noir, document authentique, magnétophone, audiocassette, fiches, TIC
Objectifs:

CONNAISSANCES	COMPÉTENCES	CAPACITÉS
- connaître l'œuvre, l'auteur, la période historique - connaître la thématique de la condition de travail des mineurs – le monde ouvrier	- Savoir lire, comprendre et interpréter de façon guidée et autonome un texte littéraire dans ses différents niveaux (lexical, sémantique, sémiologique) - Savoir repérer et analyser une figure rhétorique : le pléonasme, la métaphore - Savoir interroger un texte littéraire : savoir repérer des informations sur le sujet, les personnages, l'espace, le temps, les techniques de la narration.	**Objectifs Cognitifs :** - capacité d'exprimer une réflexion critique sur le texte analysé, savoir exprimer son propre point de vue. - Capacité d'identifier les messages explicites et implicites du texte littéraire - Savoir reconstruire la pensée de l'auteur **Objectifs Socio-affectifs, relationnels:** - capacité d'instaurer des rapports interpersonnels avec le groupe - capacité de se rendre autonome en ce qui concerne l'organisation du travail

pré-écoute – motivation	Dénotation et Globalité	Lecture intensive et silencieuse	analyse – réflexion – synthèse: Connotation et exploitation	contrôle – vérification: évaluation et autoévaluation
	Écoute et Lecture extensive		Lecture analytique, individuelle et silencieuse	
	Compréhension	Globale du texte	Compréhension analytique et sélective du texte	
-Coopérative-learning - Brain storming -motivation (20 mn.)	Présentation de l'auteur et de son œuvre écoute du texte (2 fois) avec magnétophone questionnaire simple pour vérifier la compréhension globale du texte. (20mn) Le texte authentique est fourni aux apprenants. Réécoute et lecture par séquences effectuée par l'enseignant: fixage de la phonétique, de la prononciation. Les apprenants répètent à haute voix (lecture expressive), ils s'enregistrent et se réécoutent (devoirs à la maison).	-questionnaire simple - questionnaire vrai/faux - questionnaire à choix multiples (devoirs à la maison) (20mn)	Compréhension et explication du nouveau vocabulaire (problem-solving) Analyse de la structure du texte (juxtaposition des arguments) Analyse du système d'énonciation (type de texte, discours narrativisé et discours rapporté, narrateur, auteur) Analyse du cadre spatio-temporel Analyse des personnages Analyse grammaticale (les temps verbaux et la construction et le rythme des phrases) Analyse des éléments rhétoriques : (le pléonasme, la métaphore)	vérification en cours, in-itinere: (phase d'exploitation à travers les activités de production écrite et orale) et les devoirs à la maison évaluation finale: - production écrite libre : dissertation - Compréhension du texte : cloze - Compréhension des techniques de l'analyse littéraire : exercice de correspondances (1h)

Démarche :	**Exercice de discrimination phonétique et approfondissement lexical** (20mn.)	(60mn)
		Questionnaire: **réflexion** à l'oral en classe et à l'écrit comme devoirs à la maison (30mn.)

Emile Zola, *Germinal*
(Quatrième partie – Chapitre 7)

(Etienne Lantier) ….. Il fut terrible, jamais il n'avait parlé si violemment. D'un bras, il maintenait le vieux Bonnemort, il l'étalait comme un drapeau de misère et de deuil, criant vengeance. En phrases rapides, il remontait au premier Maheu, il montrait toute cette famille usée à la mine, mangée par la Compagnie, plus affamée après cent ans de travail; et, devant elle, il mettait ensuite les ventres de la Régie, qui suaient l'argent, toute la bande des actionnaires entretenus comme des filles depuis un siècle, à ne rien faire, à jouir de leur corps. N'était-ce pas effroyable? Un peuple d'hommes crevant au fond de père en fils, pour qu'on paie des pots-de-vin à des ministres, pour que des générations de grands seigneurs et de bourgeois donnent des fêtes ou s'engraissent au coin de leur feu! Il avait étudié les maladies des mineurs, il les faisait défiler toutes, avec des détails effrayants: l'anémie, les scrofules, la bronchite noire, l'asthme qui étouffe, les rhumatismes qui paralysent. Ces misérables, on les jetait en pâture aux machines, on les parquait ainsi que du bétail dans les corons, les grandes Compagnies les absorbaient peu à peu, réglementant l'esclavage, menaçant d'enrégimenter tous les travailleurs d'une nation, des millions de bras, pour la fortune d'un millier de paresseux. Mais le mineur n'était plus l'ignorant, la brute écrasée dans les entrailles du sol. Une armée poussait des profondeurs des fosses, une moisson de citoyens dont la semence germait et ferait éclater la terre, un jour de grand soleil. Et l'on saurait alors si, après quarante années de service, on oserait offrir cent cinquante francs de pension à un vieillard de soixante ans, crachant de la houille, les jambes enflées par l'eau des tailles. Oui le travail demanderait des comptes au capital, à ce dieu impersonnel, inconnu de l'ouvrier, accroupi quelque part, dans le mystère de son tabernacle, d'où il suçait la vie des meurt-de-faim qui le nourrissaient! On irait là-bas, on finirait bien par lui voir sa face aux clartés des incendies, on le noierait sous le sang, ce pourceau immonde, cette idole monstrueuse, gorgée de chair humaine!

DEMARCHE DE L'UNITE D'APPRENTISSAGE

PHASE DE PRÉ-ÉCOUTE (20 mn) :

Cette phase a comme but de **motiver** les apprenants.
Les apprenants, divisés en groupe (coopérative- learning), observent avec attention l'image (affichée au tableau noir) et formulent librement des hypothèses (absence d'évaluation de la part de l'enseignant : c'est un moment où les apprenants peuvent s'exprimer sans restrictions) à l'aide de la grille ci-dessous. Au travail en groupe suit un travail d'intergroupe où les apprenants peuvent confronter leurs hypothèses. Une discussion orale collective peut suivre.

Brain- storming :

- Qui sont les personnages? Faites-en une description (observez l'expression du visage, les vêtements, les outils, …).
- Où sont-ils? (décrivez les parfums, les lumières et les ombres, les bruits).
- Que font-ils ?
- Quand se déroule l'action ?

On demande aux apprenants de donner un titre à l'image.

Motivation : l'enseignant montre aux apprenants un passage du film *Germinal* de Claude Berri produit en 1993. Les apprenants expriment leurs points de vue sur la situation.
PHASE D'ÉCOUTE (20 mn):

C'est un **moment d'ouverture sur le sujet.**

Avant de faire écouter le texte, l'enseignant fait un cours synchronique sur **l'auteur et la période historique** à laquelle il appartient; il introduit l'**œuvre** dont le morceau est tiré et cite sa date de publication.

Emile Zola (1840-1902), romancier du XIXème siècle, est le chef du Naturalisme et de l'analyse réaliste.
Le naturalisme né en France vers 1880. L'écrivain naturaliste analyse les comportements des personnages selon l'influence qu'ont sur eux les milieux dans lesquels ils vivent. La documentation de l'écrivain, préalable à l'élaboration fictionnelle, est extrêmement précise.

Publié en 1885, sous la forme d'un feuilleton, dans le quotidien Le Gil Blas, *Germinal* fait partie de la série Rougon-Macquart. Il est la treizième œuvre de cette série de vingt romans.
Roman de la lutte des classes et de la révolte sociale, *Germinal* est un vibrant plaidoyer en faveur des déshérités et des exploités.
Le jeune Etienne Lantier, chômeur, part, en pleine crise industrielle, dans le Nord de la France, à la recherche d'un nouvel emploi. Il se fait embaucher aux mines de Montsou et connaît des conditions de travail effroyables (pour écrire ce roman, Emile Zola s'est beaucoup documenté sur le travail dans les mines). Etienne s'intègre vite parmi le peuple des mineurs. Il est révolté par l'injustice qu'il découvre et par les conditions de vie des mineurs.
Lorsque la Compagnie des Mines décrète une baisse de salaire, il pousse les mineurs à la grève. Il parvient à leur faire partager son rêve d'une société plus juste. La grève est un échec, mais même si la révolte a échoué, Etienne est plein d'espoirs dans la lutte que les ouvriers mènent contre les inégalités. Un jour, il en est persuadé, ils vaincront l'injustice....

On invite les apprenants à compléter la grille suivante :

Auteur	Titre de l'œuvre	Date de publication	Genre littéraire

Les apprenants écoutent 2 fois le texte avec l'aide du **magnétophone**.

On pose des questions très simples pour vérifier la **compréhension globale** du texte:
- Qui sont les personnages ?
- Où sont-ils ?
- Quand se déroule la scène ?
- De quoi parle le texte ?

PHASE DE LECTURE EXTENSIVE (20 mn) :

On fournit aux apprenants le **texte authentique** et on leur fait **réécouter** par séquences (le texte est lu par l'enseignant).
Les apprenants fixent la **phonétique et la prononciation** (alphabet phonétique), et l'**intonation** (signes graphiques pour indiquer : ↗ ↘ //)
Exercice de **lecture expressive** : les apprenants lisent à haute voix le texte. La correction éventuelle de l'enseignant a lieu à la fin de la lecture, pour ne pas interrompre les apprenants.
On fait réécouter une autre fois le texte à l'aide du magnétophone.

Exercice de discrimination phonétique : repérer, dans les passages suivants :

- Les allitérations en [r] : quel effet produisent-elles ?
- Le son [s]

« *Une armée poussait des profondeurs des fosses, une moisson de citoyens dont la semence germait et ferait éclater la terre, un jour de grand soleil. Et l'on saurait alors si, après quarante années de service, on oserait offrir cent cinquante francs de pension à un vieillard de soixante ans, ...*

Exercice de discrimination phonétique et **d'approfondissement lexical** : repérez l'homophone exact :
- La *chair* / **chère** humaine.
- Cette famille usée à la mine après *cent* / **sans** / *sang* ans de travail.
- On oserait offrir cent cinquante francs de *pension* / **passion** à un vieillard de soixante ans, *crachant* / **cachant** de la houille
- Le travail demanderait des *comptes* / **contes** au capital
- on finirait bien par lui voir sa *face* / **fosse** aux clartés des incendies

Exercice d'approfondissement lexical : recherchez l'antonyme des mots suivants :
- jamais il n'avait parlé si **violemment** → *doucement*
- phrases **rapides** → *lentes*
- il remontait au **premier** Maheu → *dernier*
- N'était-ce pas **effroyable**? → *formidable*
- Les **clartés** des incendies → *les ombres*

Devoirs à la maison: les apprenants s'enregistrent et se réécoutent.

PHASE DE LECTURE INTENSIVE ET SILENCIEUSE (20 mn):

C'est une phase de **dénotation** du texte. On veut vérifier la **compréhension globale**.
Les apprenants peuvent confrontés les hypothèses faites lors de l'écoute orale du texte.

On propose aux apprenants des exercices structurés pour mesurer leurs connaissances, et on leur indique comment se corriger eux-mêmes, afin de favoriser une certaine autonomie.

On propose aux apprenants **un questionnaire simple** :

> - Qui sont les personnages ?
> - Où se trouvent les personnages ?
> - Quand se déroule la scène (à quelle époque ?)?
> - De quoi est-ce que l'on parle ?
> - Quel titre proposeriez-vous pour ce texte ?

On propose aux apprenants **un questionnaire vrai/faux plus spécifique** :

Lisez le texte et indiquez, à l'aide d'une croix « X » si les affirmations suivantes sont vraies ou fausses.

Auto-correzione dell'apprendente : punteggio : 1 punto per le risposte esatte ; 0 punti per le risposte omesse o sbagliate.

		VRAI	FAUX
1.	les mineurs sont traités comme des esclaves.		
2.	les bourgeois exploitent les mineurs.		

<u>Devoirs à la maison</u>: **questionnaire à choix multiples encore plus détaillé** : les apprenants, pour répondre, doivent reparcourir le texte en entier.

Choisissez et entourez, parmi les 4 affirmations qui vous sont données, celle que vous considérez la plus exacte.

Auto- correzione : Punteggio : 3 punti per ogni risposta esatta – 0 punti per ogni risposta omessa o sbagliata.

- Les maladies des mineurs sont :
    e. contagieuses
    f. terrifiantes
    g. passagères
    h. légères

- le métier des mineurs :
    e. se transmet de famille en famille
    f. se répète pendant plusieurs générations

PHASE D'ANALYSE, DE REFLEXION ET DE SYNTHÈSE (60 mn)

C'est une phase de **connotation et d'exploitation** du texte qui peut s'effectuer à travers :
- une lecture analytique, individuelle et silencieuse.
- une lecture analytique en groupe : chaque groupe s'occupe d'un aspect du texte et, lors de la phase d'intergroupe, les apprenants peuvent se confronter.

Les apprenants procèdent de façon inductive et, parfois, déductive.

9. **Explication du nouveau vocabulaire** : l'enseignant doit faire comprendre les mots dont on ignore le sens sans les traduire. (à partir du contexte, avec le dictionnaire monolingue)

COOPERATIVE LEARNING : les apprenants sont divisés en groupe : chaque groupe effectue les activités proposées, puis, dans la phase d'intergroupe, les apprenants peuvent confronter leurs réponses et se corriger eux-mêmes.

PROBLEM SOLVING : choisissez la bonne réponse parmi les possibilités offertes :
La mine est :
- une excavation pratiquée dans le sol pour en extraire du minerai ou de la houille
- un bâtonnet de graphite ou d'autre matière servant à dessiner ou à écrire
- l'expression du visage d'une personne

La semence est
- une petite graine que l'on sème
- un petit clou à tête plate

la houille est :
- un combustible minéral provenant de la décomposition et de la transformation des végétaux au cours du temps
- une expression de douleur

Dans la phrase : « une famille mangée par la Compagnie », le verbe « manger » signifie :
- avaler, mâcher, se nourrir
- entamer, consumer

PROBLEM SOLVING : exercice par correspondances : associez les termes se référant aux maladies des mineurs contenus dans la colonne de gauche avec les définitions correspondantes de la colonne de droite :

Les rhumatismes	inflammation des bronches
Les scrofules	maladie respiratoire qui, en réduisant la quantité d'oxygène absorbée, peut provoquer une sensation d'"étouffement"
L'anémie	Maladie caractérisée par des douleurs dans les articulations ou dans les muscles
La bronchite	l'organisme est atteint par des affections au niveau des ganglions
L'asthme	appauvrissement du sang en globules rouges

PROBLEM SOLVING : <u>complétez les mots croisés ci-dessous en recherchant les réponses aux définitions dans le texte :</u>

1↓	cavité du corps qui contient les intestins
2→	ensemble des organes contenus dans le
3↓	tirer plaisir de quelque chose
4→	Argent donné à une personne pour obtenir un marché
5→	nourriture des animaux
6↓	ensemble des animaux de pâture d'une exploitation agricole
7→	cité ouvrière construite pour les mineurs
8↓	faire entrer dans un régiment, dans un parti
9↓	un cochon
10→	donner à manger avec excès
11↓	tout ce qui se réfère au corps humain, en opposition à l'esprit

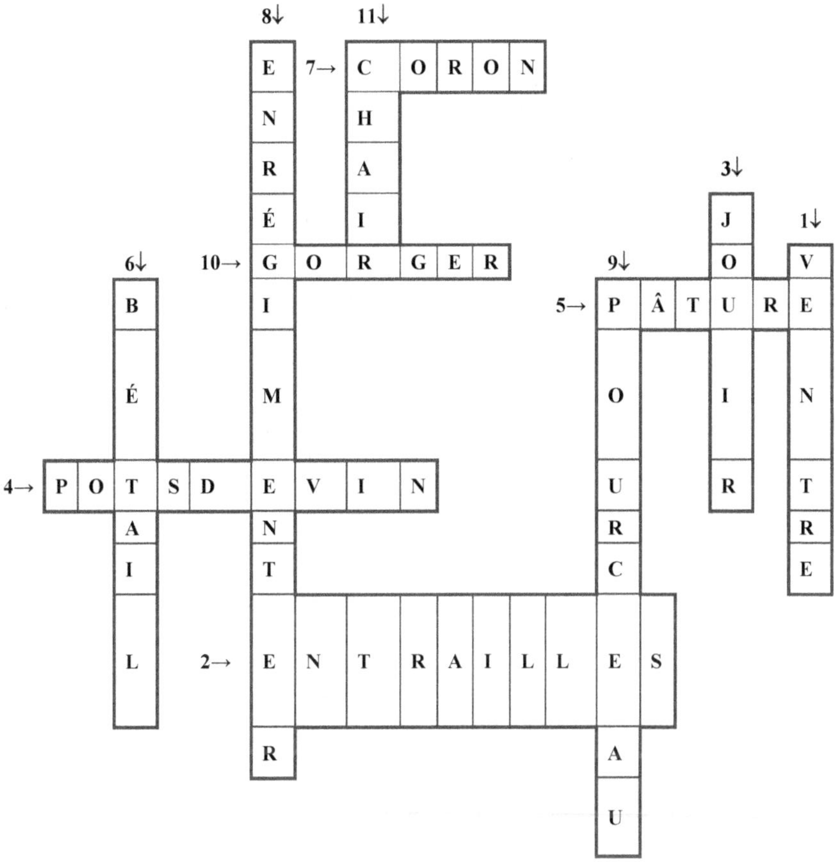

8↓ ENRÉGIMENTER
11↓ CHAI
7→ CORON
3↓ JOUIR
1↓ VENTRE
6↓ BÉTAIL
10→ GORGER
9↓ POURCEAU
5→ PÂTURE
4→ POTSDEVIN
2→ ENTRAILLES

10. **Analyse de la structure du texte**

PROBLEM SOLVING : on demande aux apprenants de repérer les différentes séquences du texte en s'aidant des titres suggérés ci-dessous à remettre dans l'ordre, et de compléter la grille suivante :

h. Les maladies des mineurs *(n°4 – description)*
i. Les mineurs sont traités comme des esclaves *(n°5 – réflexion)*
j. Les résultats du soulèvement annoncé des mineurs *(n°7 – réflexion)*
k. Une famille consumée par le travail *(n°2 – description)*
l. L'exploitation de la bourgeoisie *(n°3 – réflexion)*
m. Le vieux Bonnemort déclenche la colère d'Etienne *(n°1 – action)*
n. La future révolte des mineurs qui menace *(n°6 – réflexion)*

Lignes	Mots ou phrases clés	Type - séquences statiques : description, réflexion, - séquences dynamiques : action, dialogue	Titre

Devoirs à la maison (résumé guidé) : faites un résumé du texte en vous aidant de la grille que vous avez complétez auparavant.

Après avoir repérez les différentes séquences du texte, essayez d'individuer les deux arguments principaux mis en opposition dans le passage étudié.

lignes	Argument
	La misère des mineurs exploités par les bourgeois
	La future révolte des mineurs qui menacent

Quel est le mot d'articulation qui permet de différencier les deux arguments ?
" Mais ": valeur adversative qui va proposer un renversement des idées, un changement dans les arguments exposés.

11. **Analyse du système d'énonciation : l'enseignant procède de façon déductive et parfois inductive** : on fait analyser aux apprenants le type de texte, la position du narrateur et de l'auteur, les interventions des personnages dans le texte:

De quel type de texte s'agit-il ? :
- d'un texte dialogué
- d'un *texte narratif*
- d'un texte descriptif
- d'un texte argumentatif

De quelle façon sont introduites <u>les paroles et les pensées des personnages</u> dans le récit :
- au discours rapporté (les paroles sont rapportées directement)
- au *discours narrativisé* (les paroles des personnages sont traitées comme un évènement et intégrées dans le récit)

S'il s'agit d'un discours rapporté, les évènements sont racontés :
- Au style direct (les paroles ou les pensées des personnages, parfois introduites par des verbes introducteurs, sont rapportées directement, entre guillemets)
- Au style indirect (les paroles ou les pensées des personnages sont rapportées indirectement, à l'aide de subordonnées introduites par des verbes de déclaration)
- Au *style indirect libre* (Les paroles des personnages sont rapportées sans guillemets, sans verbes introducteurs et sans subordonnées)

<u>Complétez la grille suivante avec des exemples tirés du texte</u> :

Discours narrativisé	**Discours rapporté au style indirect libre**
En phrases rapides, il remontait au premier Maheu, il montrait toute cette famille usée à la mine, mangée par la Compagnie, plus affamée après cent ans de travail; et, devant elle, il mettait ensuite les ventres de la Régie, qui suaient l'argent, toute la bande des actionnaires entretenus comme des filles depuis un siècle, à ne rien faire, à jouir de leur corps.	*N'était-ce pas effroyable? Un peuple d'hommes crevant au fond de père en fils, pour qu'on paie des pots-de-vin à des ministres, pour que des générations de grands seigneurs et de bourgeois donnent des fêtes ou s'engraissent au coin de leur feu!*

<u>Pourquoi utilise-t-on le discours narrativisé ?</u>
Le narrateur peut mieux définir le ton à donner au récit, qui est, dans le cas du texte analysé, d'une violence clairement expliquée : « Si violemment », « criant », « en phrases rapides ».

<u>Pourquoi utilise-t-on le discours indirect libre ?</u>
Les paroles du personnage sont mieux retranscrites et avec plus de détails; le discours apparait plus actuel et il a un meilleur impact sur le lecteur.

<u>le narrateur</u> est :
- *présent*
- absent

<u>Le narrateur</u> raconte :
- une expérience personnelle
- une expérience fictive (imaginaire)
- *des évènements arrivés à d'autres personnages*

<u>le narrateur</u> parle :
- à la première personne
- *à la troisième personne*

<u>le narrateur</u> est :
- un personnage de l'histoire (point de vue interne)
- un témoin externe de l'histoire (point de vue externe)

- *un témoin externe mais qui connaît tout sur les faits rapportés (point de vue par en-dessus).*

La voix du <u>narrateur</u> intervient pour :
- rapporter le plus objectivement possible les propos des personnages tels qu'ils ont été prononcés
- faire des commentaires personnels sur les faits racontés
- *reprendre et amplifier la force des arguments énoncés par le personnage*

l'auteur :	<u>Auteur et narrateur</u> coïncident-ils ?
- intervient	- oui
- n'intervient pas	- non

12. Analyse grammaticale :
Les temps verbaux :
Repérez :

<u>Les interventions du narrateur</u> *(donnez un exemple)*:	<u>Les interventions du personnage</u> *(donnez un exemple)* :
D'un bras, il <u>maintenait</u> le vieux Bonnemort, il l'<u>étalait</u> comme un drapeau de misère et de deuil, criant vengeance. En phrases rapides, il <u>remontait</u> au premier Maheu, il <u>montrait</u> toute cette famille usée à la mine ..., il <u>mettait</u> ensuite les ventres de la Régie, qui <u>suaient</u> l'argent ...	*... des générations de grands seigneurs et de bourgeois <u>donnent</u> des fêtes ou <u>s'engraissent</u> au coin de leur feu !* *... une moisson de citoyens dont la semence germait et <u>ferait</u> éclater la terre, un jour de grand soleil. Et l'on <u>saurait</u> alors si, après quarante années de service, on <u>oserait</u> offrir cent cinquante francs de pension à un vieillard de soixante ans ...*
<u>A quel temps sont les verbes</u> ?	<u>A quel temps sont les verbes</u> ?
<u>Expliquez l'emploi de :</u> - IMPARFAIT	<u>Expliquez l'emploi du :</u> - PRESENT - CONDITIONNEL PRESENT

L'enseignant explique aux apprenants, de façon inductive, l'emploi de l'imparfait, du présent et du conditionnel présent :
Le <u>présent</u> s'emploie lorsqu'une action s'accomplit au moment où l'on parle. D'autre part, le présent s'emploie aussi pour décrire une action passée que l'on place dans le présent pour la rendre plus vivante.
L'<u>imparfait</u> s'emploie pour indiquer une action passée qui dure, qui se répète dans le temps et devient habituelle. L'imparfait est aussi le temps de la description d'une scène, d'un tableau.
Le <u>conditionnel présent</u> a la valeur d'un futur et il exprime des faits possibles dont la réalisation est soumise à une condition.

La construction et le rythme des phrases :
Comment sont construites les phrases :
- longues et rythmées
- courtes et simples

Le ton du texte est :
- dynamique
- lent

Repérez les énumérations et dites quel effet elles produisent. *(les énumérations sont une accumulation de termes qui décrivent une situation. Les énumérations renforcent l'intensité de l'argument traité) (ex : maladies)*

Repérez les interrogations rhétoriques. A quoi servent-elles ? *(Certaines interrogations peuvent être des affirmations déguisées. On les appelle interrogations rhétoriques ou oratoires.) (ex : « N'était-ce pas effroyable? »)*

Repérez les phrases exclamatives. Quelle est leur fonction ? *(la phrase exclamative se termine par un point d'exclamation à l'écrit et par une intonation descendante à l'oral. Sa fonction : elle permet d'insister sur la force d'une émotion ou d'un sentiment)*

Observez la phrase suivante : « On irait là-bas, on finirait bien par lui voir sa face aux clartés des incendies, on le noierait sous le sang, ce pourceau immonde, cette idole monstrueuse, gorgée de chair humaine! ». S'agit-il d'un membre de phrase caractérisé par la présence de trois ensembles rythmiques? Comment appelle-t-on ce type de phrase ? Quel effet produit ce type de construction de la phrase ? *((Le rythme ternaire (phrase composée de trois membres) donne une idée d'abondance et d'amplification.)*

13. Le cadre spatio-temporel : on fait rechercher aux apprenants tous les renseignements concernant l'espace et le temps :
- **l'espace :**
- Quels sont les lieux évoqués dans le texte ?
- S'agit-il de lieux fictifs ou réels ?
- Une description de ces lieux est-elle présente?
- Est-elle précise ou vague ?
- S'agit-il de lieux stéréotypé, contrastif, symbolique, fonctionnel ?
- Que représente la mine pour les mineurs ? Et pour les bourgeois ?
- Que représentent les maisons des bourgeois pour les mineurs ?

Repérez tous les éléments qui se réfèrent à la mine :

On demande aux apprenants de repérez tous les termes appartenant au champ sémantique de la dévoration *(manger, affamer, ventre, entrailles, s'engraisser, nourrir, absorber, sucer la vie, pourceau immonde, gorgée de chair humaine)*.
Il y a une graduation dans le niveau de dévoration ?
On pose la question suivante : à quoi peut-on comparer le lieu de travail des mineurs ? *(à une machine infernale, un vampire qui engloutit tout sur son chemin)*

le temps :
- Le texte contient-il des éléments qui nous permettent de comprendre la période historique dans laquelle ont lieu les évènements narrés ?
- Le temps de la narration : les évènements racontés respectent-ils un ordre chronologique bien précis ?
- Pour bien comprendre ce qu'il se passe, a-t-on besoin de reconstituer l'ordre chronologique des évènements ?
- Le temps de l'histoire : en combien de temps se déroule les évènements ?
- Temps de la narration et temps de l'histoire coïncident-ils ?
- Y a-t-il une évolution dynamique de la narration ?
- L'atmosphère de tension suscitée par les évènements narrés est-elle croissante ou constante tout au long du texte ?

14. Analyse des personnages :
On demande aux apprenants caractériser les personnages, à l'aide de la grille suivante à compléter:

Les personnages	Leurs comportements : Comment agissent-ils ?	Leurs sentiments : qu'éprouvent-ils ?	Rôle qu'ils assument dans le roman	Leur personnalité (citez un seul adjectif pour la caractériser)
Bonnemort				
Etienne lantier				
Les bourgeois				

15. Analyse des éléments rhétoriques : explication du concept de « métaphore » et de « pléonasme ».
L'enseignant explique aux élèves ce qu'est un « pléonasme » : un pléonasme est une figure de style où l'on utilise plus de mots que nécessaire pour exprimer une idée et ainsi la renforcer.
On demande aux apprenants de repérer tous les pléonasmes et de les expliquer.
Quel est l'effet produit par cette figure de style ?

L'enseignant explique aux élèves ce qu'est une « métaphore».
On demande aux apprenants de repérer dans le texte les éléments qui se refont aux métaphores :
- du Minotaure (un monstre fabuleux à corps d'homme et tête de taureau apparaissant dans la mythologie grecque. Cependant, à la différence des taureaux ordinaires, il se nourrit non d'herbe ou de foin, mais de chair humaine) pour montrer l'exploitation et la soumission des mineurs et représenter l'image de la dévoration *(« dieu impersonnel ", " idole monstrueuse ", " Ventres de la régie ")*.
- de la germination Il y a germination de l'armée des mineurs : « *Une armée poussait des profondeurs des fosses, une moisson de citoyens dont la semence germait et ferait éclater la terre, un jour de grand soleil.* »

16. réflexion sur le texte (30 mn): **travail collectif au groupe classe :** questions que l'on pose aux apprenants, à l'oral en classe et à l'écrit (travail individuel) comme devoirs à la maison.
- Quelles est la situation des mineurs décrite par Etienne ? *(misère et douleur)*
- Quels évènements sont annoncés par les paroles d'Etienne ? *(Le texte annonce la violence de la destruction et de la continuation de la grève et la révolte à venir)*
- Quelle est la classe sociale cible des futurs évènements ? *(la révolution est une menace permanente sur la bourgeoisie)*
- S'agit-il d'un avertissement ou d'un fait déjà déclenché ? *(le personnage veut prévenir les bourgeois que si les choses ne changent pas, il va y avoir une révolution)*
- Quel rôle va assumer Etienne dans la révolte imminente à venir ? *(la révolution confins à Etienne la place de leader politique : il exhorte et incite les mineurs à la révolution. Il veut mettre la société à feu et à sang. Il prend ici sa dimension politique. Cette ambition politique est exprimée par l'utilisation du conditionnel.)*
- Que va changer cette révolution sociale ? *(un bouleversement de la société)*
- Quelle position prend l'auteur face aux évènements? *(il soutient les ouvriers)*
- Quelles sont les intentions de l'auteur en écrivant ce roman ? *(l'auteur veut porter témoignage de la situation économique et sociale de l'époque. Une dénonciation sociale se déligne à travers le personnage d'Etienne : cri de révolte contre la bourgeoisie, contre l'hégémonie des puissances d'argent).*
- Expliquer le titre que l'auteur a donné à son roman.

PHASE D'ÉVALUATION (60 mn) :

- **Vérification en cours, in- itinere**: (à travers les activités de production écrite et orale) et les devoirs à la maison.

- **Evaluation finale**:
- Pour la production écrite libre : dissertation : imaginez un dialogue entre Etienne Lantier et un responsable de la mine, auquel il expose ses arguments pour le convaincre à ce que les choses changent.

- Pour vérifier la compréhension du texte: on propose aux apprenants un cloze (exercice à trous)

- Pour vérifier la compréhension des techniques de l'analyse littéraire : exercice de correspondances

---

GRILLE D'EVALUATION

dissertation + techniques de l'analyse littéraire + compréhension du texte : **total :** ……. /33

1-10 A REFAIRE   **11-16** PASSABLE   **17-22** ASSEZ BIEN   **23-28** BIEN   **29-33** TRES BIEN

A REVISER :
………………………………………………………………………………………..

Dissertation /10	Techniques de l'analyse littéraire /10	Compréhension du texte /13
0-4 à refaire	0-4 à refaire	0-6 à refaire
5-6 passable	5-6 passable	7-8 passable
7-8 assez bien	7-8 assez bien	9-10 assez bien
9 bien	9 bien	11-12 bien
10 très bien	10 très bien	13 très bien

PHASE D'AUTO-ÉVALUATION

- **auto-évaluation**: une grille est fournit aux apprenants pour évaluer personnellement leurs performances

	Oui	Non	En partie
Je sais lire et comprendre un texte littéraire			
Je sais reconstruire la pensée de l'auteur			
Je sais analyser un lieu			
Je sais repérer le discours indirect libre et le discours narrativisé			
Je sais identifier les figures rhétoriques (métaphore et pléonasme)			
Je sais l'emploi du présent, de l'imparfait, du conditionnel présent			
Je sais travailler avec mes camarades			

COMPREHENSION DES TECHNIQUES DE L'ANALYSE LITTERAIRE

Titre du morceau : "Germinal" Emile Zola
Le test se compose de n ° 10 pièce pour la correspondance
Le score est de:
2 points pour chaque bonne association
0 point pour une mauvaise réponse ou omis
Durée du test : 20 minutes

Relier avec des flèches les parties de la colonne de droite avec les parties de la colonne de gauche. Attention aux distracteurs!

1. Dans le discours rapporté	a. consiste à introduire les paroles des personnages avec des guillemets et des tirets à la ligne.
2. Le présent s'emploie	b. les paroles des personnages sont introduites directement et paraissent plus actuelles.
3. Le rythme ternaire d'une phrase permet	c. une figure de style où l'on utilise plus de mots que nécessaire pour exprimer une idée et ainsi la renforcer.
4. Dans le discours narrativisé	d. pour exprimer des faits dont la réalisation future est soumise à une condition.
5. Les interrogations rhétoriques correspondent	e. pour raconter des faits qui ont eu lieu dans le passé et qui sont complètement achevés au moment où le narrateur les rapporte.
6. L'imparfait s'emploie	f. pour décrire une action passée que l'on place dans le présent pour la rendre plus vivante.
7. Le style indirect libre	g. de donner une idée d'abondance et d'amplification aux arguments présentés.
8. Le pléonasme est	h. A des affirmations déguisées.
9. Le conditionnel présent s'emploie	i. permet de rapporter les paroles et les pensées des personnages sans utiliser les guillemets, les verbes introducteurs et les subordonnées.
10. La métaphore est	j. les paroles des personnages sont intégrées dans le récit et traitées comme un évènement.
11.	k. pour indiquer une action passée qui dure et devient habituelle. C'est le temps de la description.
12.	l. une figure rhétorique qui permet d'établir un rapport d'analogie entre deux termes appartenant à un champ sémantique différent.
13.	m. de construire des phrases courtes et simples.

COMPREHENSION DU TEXTE

Titre du morceau : « Germinal" Emile Zola
Le test se compose de n°13 pièce pour le complètement

Le score est de :
- 1 point pour chaque intégration juste
- 0 point pour une mauvaise réponse ou omis
Durée du test : 10 minutes

Remplissez les espaces vides à l'aide des mots dans la grille:

mineurs - salaires - XIXème - Etienne Lantier - Minotaure - inégalités - Naturalisme - germination - bourgeoisie - Germinal - injustice - grève - travail

Emile Zola est un romancier français du .... siècle, chef de l'école ....
.... est le treizième roman de la série des Rougon-Macquart et il représente un plaidoyer en faveur des conditions de vie des ……………….., exploités par la ……………… triomphante sous le second empire.
Le personnage principal est ……………………… et il se révolte contre l'……………… , et les ………………… . Il pousse les ouvriers à la ……………… pour obtenir une amélioration des ……………… et de leurs conditions de ……………… .
La mine rappelle la figure du ……………… qui dévore les hommes sans pitié.
Le soulèvement des mineurs est comparé à la ……………… d'un espoir de liberté et de vertu.

PHASE DE RATTRAPAGE ET DE RENFORCEMENT (60 mn)

Il s'agit d'un moment de :
- **renforcement** pour les apprenants qui ont bien compris
- **rattrapage** pour les apprenants qui ont montré des difficultés.

On propose aux apprenants d'analyser un autre texte tiré de la même œuvre de Zola, *Germinal*, qui reprend les mêmes noyaux thématiques analysé en classe.
Les apprenants doivent analyser ce nouveau texte selon les activités entreprises dans les phases développées dans l'unité.

Le texte proposé se trouve au début du chapitre 4 de la 1ère partie : Etienne Lantier est engagé à la mine et y remplace Fleurance, ancienne hercheuse. Il y fait donc un travail de femme. Le texte décrit les conditions de travail des mineurs. Le lieu est vécu comme un monde infernal à cause de la chaleur et de l'obscurité. La structure du texte en deux paragraphes évoque, premièrement, la souffrance de Maheu et, deuxièmement, une terrible description des lieux.

Emile Zola, *Germinal*
(Première partie – Chapitre 4)

1   C'était Maheu qui souffrait le plus. En haut, la température montait jusqu'à trente-cinq degrés, l'air ne circulait pas, l'étouffement à la longue devenait mortel. Il avait dû, pour voir clair, fixer sa lampe à un clou, près de sa tête; et cette lampe, qui chauffait son crâne, achevait de lui brûler le sang. Mais son supplice s'aggravait surtout de l'humidité. La
5   roche, au-dessus de lui, à quelques centimètres de son visage, ruisselait d'eau, de grosses gouttes continues et rapides, tombant sur une sorte de rythme entêté, toujours à la même place.
    Il avait beau tordre le cou, renverser la nuque: elles battaient sa face, s'écrasaient, claquaient sans relâche. Au bout d'un quart d'heure, il était trempé, couvert de sueur lui-
10 même, fumant d'une chaude buée de lessive. Ce matin-là, une goutte, s'acharnant dans son oeil, le faisait jurer. Il ne voulait pas lâcher son havage, il donnait de grands coups, qui le secouaient violemment entre les deux roches, ainsi qu'un puceron pris entre deux feuillets d'un livre, sous la menace d'un aplatissement complet.
    Pas une parole n'était échangée. Ils tapaient tous, on n'entendait que ces coups
15 irréguliers, voilés et comme lointains. Les bruits prenaient une sonorité rauque, sans un écho dans l'air mort. Et il semblait que les ténèbres fussent d'un noir inconnu, épaissi par les poussières volantes du charbon, alourdi par des gaz qui pesaient sur les yeux. Les mèches des lampes, sous leurs chapeaux de toile métallique, n'y mettaient que des points rougeâtres. On ne distinguait rien, la taille s'ouvrait, montait ainsi qu'une large cheminée,
20 plate et oblique, où la suie de dix hivers aurait amassé une nuit profonde. Des formes spectrales s'y agitaient, les lueurs perdues laissaient entrevoir une rondeur de hanche, un bras noueux, une tête violente, barbouillée comme pour un crime. Parfois, en se détachant, luisaient des blocs de houille, des pans et des arêtes, brusquement allumés d'un reflet de cristal. Puis, tout retombait au noir, les rivelaines tapaient à grands coups
25 sourds, il n'y avait plus que le halètement des poitrines, le grognement de gêne et de fatigue, sous la pesanteur de l'air et la pluie des sources.

**UNITÉ D'APPRENTISSAGE
DE LITTÉRATURE FRANÇAISE**

Titre: Arthur Rimbaud - *Le dormeur du val*

Classe: cinquième du collège

Composition: 23 élèves dont 14 filles et 9 garçons

Age: 12-13 ans

Niveau: CCER A2

Période: début d'année scolaire

Temps: ¾ heures

Méthode: notionnelle – fonctionnelle – situationnelle (de façon directe et indirecte, inductive et déductive)

Approche: communicative

Moyens et matériaux didactiques: tableau noir, document authentique, magnétophone

Objectifs:

CONNAISSANCES	COMPÉTENCES	CAPACITÉS
SAVOIR	SAVOIR FAIRE	SAVOIR ETRE
CONOSCENZE	ABILITA	COMPETENZE
- connaître la poésie comme genre littéraire - connaître les thématiques de la nature et de la guerre - Connaitre un poète français du XIXème siècle: Arthur Rimbaud	- Savoir lire, comprendre et interpréter de façon guidée et autonome un texte poétique dans ses différents niveaux (lexicale, sémantique, sémiologique) - connaître deux figures de style (notamment l'assonance et l'allitération) - Savoir repérer des informations sur le sujet, les personnages, l'espace, le temps	- capacité d'exprimer une réflexion critique sur le texte analysé, savoir exprimer son propre point de vue. - Capacité d'identifier les messages explicites et implicites du texte littéraire - Savoir reconstruire la pensée de l'auteur **Socio-affectifs, relationnels:** - capacité d'interaction avec les autres - capacité de se rendre autonome en ce qui concerne l'organisation du travail

- Coopérative-learning - Brain writing e problem solving (1 h.)	**écoute** de la poésie (2 fois) avec magnétophone **réécoute** par séquences et lecture par strophes: les apprenants répètent à **haute voix**: correction et fixage de la phonétique et de la prononciation à la fin (exercices d'approfondissement lexical et phonétique) - problem- solving : puzzle (30mn.)	- questionnaire simple - questionnaire vrai/faux - questionnaire à choix multiples (devoirs à la maison) (30mn)	**structure du poème et exploitation des éléments stylistiques**: le sonnet et les figures rhétoriques (assonance et allitération) - exercice de correspondances - texte à trous - exercice de phonétique (1h) **exploitation du lexique** (coopérative-learning): - compréhension et explication des nouveaux termes: (problem- solving: mots-croisés) - repérage des champs lexicaux de la nature, des couleurs, de la lumière, du corps humain, de la mort (grille à compléter) - problem- solving : remue-méninges, dessin à compléter, texte à trous (1h) **exploitation de la grammaire**: - problem solving (30mn)	**vérification en cours, in- itinere**: (phase d'exploitation à travers les activités de production écrite et orale) et les devoirs à la maison **évaluation finale**: - production écrite libre - Compréhension : exercice de correspondances - Oral : mémorisation du poème (1h) **auto-évaluation**: grille pour évaluer personnellement les performances des apprenants

Démarche :

pré-écoute - motivation	Dénotation Globalité		analyse – réflexion - synthèse : Connotation et exploitation	Questionnaire: réflexion à l'oral en classe et à l'écrit comme devoirs à la maison. (30mn.)	contrôle – vérification: évaluation et autoévaluation
	Écoute et Lecture extensive	Lecture intensive et silencieuse	Lecture analytique, individuelle et silencieuse		
	Compréhension	globale du poème	Compréhension analytique et sélective du poème		

PHASE DI PRE-ECOUTE:
Problem- solving

Observe avec attention cette photo ...

Les questions suivantes peuvent t'aider à regrouper tes idées ...

Le personnage	Quand?	Où?	Que se passe-t-il?	Les sensations ?
Qui est-ce?	En quelle saison sommes-nous?	Où se trouve le personnage?	Que fait-il ?	Les parfums ?
Quel âge a-t-il?	Quelle heure est-il?	Description du paysage?		Les ombres et les lumières ?
Description physique		Les couleurs de la photo?		Les bruits?
Comment se comporte-t-il?		Que voyons-nous d'autre autour de lui (ou que nous ne voyons pas)?		

brain- writing

Maintenant, tu peux décrire le dessin en quelques lignes et dire ce qu'il te communique et les sensations qu'il te suscite:

……………………………………………………………………………………………………
……………………………………………………………………………………………………
……………………………………………………………………………………………………
……………………………………………………………………………………………………
……………………………………………………………………………………………………
……………………………………………………………………………………………………
……………………………………………………………………………………………………
……………………………………………………………………………………………………
……………………………………………………………………………………………………
……………………………………………………………………………………………………
……………………………………………………………………………………………………
……………………………………………………………………………………………………
……………………………………………………………………………………………………
……………………………………………………………………………………………………
……………………………………………………………………………………………………
……………………………………………………………………………………………………

ECOUTE DU POEME ET LECTURE EXPRESSIVE

Exercice d'approfondissement lexical et phonétique

C'est un trou de verdure, où chante une rivière,
Accrochant follement aux herbes des haillons
D'argent; où le soleil, de la montagne fière,
Luit/lui : c'est un petit val qui mousse de rayons.

Un soldat **jeune/jaune**, bouche ouverte, tête nue,
Et la nuque baignant dans le frais cresson bleu,
Dort ; il est étendu dans l'herbe, sous la nue,
Pâle/sale dans son lit vert où la lumière pleut.

Les pieds dans les glaïeuls, il dort. Souriant comme
Sourirait un enfant malade, il fait un somme:
Nature, berce-le chaudement : il a froid.

Les parfums ne font pas frissonner sa narine.
Il dort dans le soleil, la main sur sa poitrine
Tranquille. Il a deux trous rouges au côté droit.

PROBLEM SOLVING: <u>Puzzle: voici le poème de Rimbaud dans le désordre. Les strophes ont été mélangées. Recomposez-le!</u>

Les pieds dans les glaïeuls, il dort. Souriant comme
Sourirait un enfant malade, il fait un somme:
Nature, berce-le chaudement : il a froid.
C'est un trou de verdure, où chante une rivière,
Accrochant follement aux herbes des haillons

D'argent; où le soleil, de la montagne fière,
Luit: c'est un petit val qui mousse de rayons.
Les parfums ne font pas frissonner sa narine.
Il dort dans le soleil, la main sur sa poitrine
Tranquille. Il a deux trous rouges au côté droit.

Un soldat jeune, bouche ouverte, tête nue,
Et la nuque baignant dans le frais cresson bleu,
Dort ; il est étendu dans l'herbe, sous la nue,
Pâle dans son lit vert où la lumière pleut.

(NB : le puzzle peut être rendu encore plus difficile en mélangeant les vers à l'intérieur de chaque strophe)

LE DORMEUR DU VAL

C'est un trou de verdure, où chante une rivière,
Accrochant follement aux herbes des haillons
D'argent; où le soleil, de la montagne fière,
Luit: c'est un petit val qui mousse de rayons.
Un soldat jeune, bouche ouverte, tête nue,
Et la nuque baignant dans le frais cresson bleu,
Dort ; il est étendu dans l'herbe, sous la nue,
Pâle dans son lit vert où la lumière pleut.
Les pieds dans les glaïeuls, il dort. Souriant comme
Sourirait un enfant malade, il fait un somme:
Nature, berce-le chaudement : il a froid.
Les parfums ne font pas frissonner sa narine.
Il dort dans le soleil, la main sur sa poitrine
Tranquille. Il a deux trous rouges au côté droit.

Arthur Rimbaud.

PHASE DE LECTURE SILENCIEUSE: DENOTATION DU TEXTE

1ére lecture silencieuse : compréhension globale du texte
Après avoir écouté attentivement le texte, répondez aux questions suivantes :

- De quel genre de texte s'agit- il? Est-ce un roman, une poésie, une pièce de théâtre?
  ....

- Combien de personnages y a-t-il?
  ....

- Qui sont les personnages ?
  ....

- Où se trouvent les personnages ?
  ....

- De quoi est-ce que l'on parle?
  ....

2ème lecture silencieuse: compréhension globale du texte
Ecoutez une deuxième fois le texte et indiquez, à l'aide d'une croix « X » si les affirmations suivantes sont vraies ou fausses.

		VRAI	FAUX
1.	Le personnage se trouve dans une plaine.		
2.	il s'agit d'un soldat.		
3.	Il pleut et il fait très froid.		
4.	Le personnage fait un pic-nic dans l'herbe.		
5.	Le personnage est vieux et malade.		
6.	Il dort tranquille et en paix.		

3éme lecture silencieuse:

(*peut être donné comme devoirs à la maison*)

Questionnaire à choix multiple: après avoir écouté le texte, choisissez et entourez, parmi les 4 affirmations qui vous sont données, celle que vous considérez la plus exacte.

- Le soldat se trouve
a.　　　　　dans un val
b.　　　　　dans une forêt
c.　　　　　dans un refuge
d.　　　　　dans une maison

- Le soldat
a.　　　　　est endormi
b.　　　　　est mort
c.　　　　　est réveillé
d.　　　　　est malade

- Le soldat a
a.　　　　　la bouche ouverte
b.　　　　　la bouche fermée
c.　　　　　la bouche blessée
d.　　　　　la bouche souriante

- le soldat semble
a.　　　　　souriant
b.　　　　　triste
c.　　　　　préoccupé
d.　　　　　agité

- le soldat est
a.　　　　　debout
b.　　　　　assis
c.　　　　　allongé
d.　　　　　courbé

- Le soldat
a.　　　　　pose sa main sur sa jambe
b.　　　　　pose sa main sur sa poitrine
c.　　　　　pose sa main sur sa tête
d.　　　　　pose sa main sur son bras

- le soldat a
a.　　　　　deux trous rouges au côté droit
b.　　　　　trois trous rouges au côté gauche
c.　　　　　deux trous rouges au côté gauche
d.　　　　　trois trous rouges au côté droit

(Devoirs à la maison : apprendre par cœur la première strophe du poème)

PHASE DE LECTURE ANALYTIQUE
- STRUCTURE DU POEME ET EXPLOITATION DES ELEMENTS STYLISTIQUES *(en groupe)* :
- Cherchez et soulignez les sonorités qui se répètent dans le poème
- Cherchez les rimes.
- Questionnaire : *L'enseignant questionne les apprenants :*
  o Comment ce poème est-il composé ? Quelle forme a-t-il ? De quel type de vers s'agit-il ?
  o Qu'est-ce qu'une allitération?
  o Qu'est-ce qu'une assonance?
- L'enseignant explique les figures rhétoriques (allitération et assonance) et le genre du sonnet.
- Exercice de correspondances :

1.	L'allitération est	a.	Répétition de la même voyelle, du même son vocalique.
2.	L'assonance est	b.	Groupe de quatre vers.
3.	Le sonnet est	c.	Groupe de trois vers.
4.	Le tercet est	d.	Poème à forme fixe composé de deux quatrains et de deux tercets.
5.	Le quatrain est	e.	Répétition de la même consonne, du même son consonantique.

- cloze :

Le sonnet est un .... à forme fixe composé de deux .... et de deux ....
L'................ est la répétition de la même consonne, tandis que l' .... est la répétition de la même .... Le .... est un groupe de quatre vers. Le tercet est un groupe de .... vers.

Exercice de discrimination phonétique:

Recherchez:
- **Les allitérations:**
1. **les liquides « l »:**
Pâle dans son lit vert où la lumière pleut
Pâ<u>l</u>e dans son <u>l</u>it vert où <u>l</u>a <u>l</u>umière p<u>l</u>eut

2. **Les allitérations en « r » :**
Tranquille. Il a deux trous rouges au côté droit.

« T<u>r</u>anquille. Il a deux t<u>r</u>ous <u>r</u>ouges au côté d<u>r</u>oit »

- **Les assonances:**
1. **les nasales « on, om, un, in ein, um…":**
Les parfums ne font pas frissonner sa narine.
Les parf<u>um</u>s ne f<u>on</u>t pas friss<u>on</u>ner sa narine.

(Devoirs à la maison : apprendre par cœur la deuxième strophe du poème)

- EXPLOITATION DU LEXIQUE

- compréhension et explication des nouveaux termes

PROBLEM SOLVING :
Soulignez les nouveaux termes et complétez les mots croisés ci-dessous en recherchant les réponses aux questions dans le poème :

1☐ vêtements déchirés en lambeaux

↑2 Léger sommeil

3☐ Plante aquatique

4☐ Fleur que l'on pose sur une tombe

5☐ Vallée très large

6☐ Verbe qui indique la fusion de l'eau et du soleil

7☐ Réaction involontaire au refroidissement

				1						
				H						
	4☐	G	L	A	I	E	U	L		
				I		M				
	5☐	V	A	L		M		3☐		
				L		O		C		
		6☐	M	O	U	S	S	E	R	
				N		↑2		R		
								E		
								S		
								S		
	7☐	F	R	I	S	S	O	N	E	R
								N		

- Repérez les principaux champs lexicaux utilisés dans ce poème et classez-les dans les rubriques ci-dessous. PROBLEM SOLVING :

les couleurs	la nature	les parties du corps humains	La maladie, la mort, le sommeil	la lumière

PROBLEM SOLVING: Recherchez les mots concernant les couleurs et la nature dans la grille ci-dessous:

R	I	V	I	E	R	E	H	Z	A
M	O	N	T	A	G	N	E	B	E
A	E	Q	V	E	R	T	R	X	R
I	J	T	P	B	O	R	B	W	E
W	Y	N	A	T	U	R	E	U	I
R	A	E	R	C	G	A	B	I	M
N	S	G	F	O	E	N	L	J	U
V	T	R	U	S	O	L	E	I	L
F	G	A	M	A	J	A	U	N	E
G	L	A	I	E	U	L	O	L	A

PROBLEM SOLVING: Maintenant que vous avez repéré dans le poème tous les mots qui désignent une partie du corps, placez-les sur le dessin ci-contre.

PROBLEM SOLVING : Texte à trous :
C'est un trou de verdure, où chante une ....,
Accrochant follement aux herbes des ....
D'argent; où le soleil, de la .... fière,
Luit: c'est un petit .... qui mousse de rayons.

Un soldat jeune, ... ouverte, tête nue,
Et la .... baignant dans le frais cresson bleu,
Dort ; il est .... dans l'herbe, sous la nue,
Pâle dans son lit vert où la .... pleut.
Les pieds dans les ...., il dort. Souriant comme
Sourirait un enfant ...., il fait un .... :
Nature, berce-le chaudement : il a froid.
Les parfums ne font pas .... sa narine.
Il dort dans le soleil, la main sur sa ....
Tranquille. Il a deux .... rouges au côté droit.

(Devoirs à la maison : apprendre par cœur la troisième strophe du poème)

- **EXPLOITATION GRAMMATICALE**
- <u>*Observez attentivement la strophe 2 du poème de Rimbaud:*</u>

Un soldat jeune, bouche ouverte, tête nue,
Et la nuque baignant dans le frais cresson bleu,
Dort ; il est étendu dans l'herbe, sous la nue,
Pâle dans son lit vert où la lumière pleut.

- <u>D'un point de vue grammatical, comment est construite cette strophe ?</u>

- <u>Sur le même modèle que la strophe 2, décrivez une situation :</u>
  o   une femme qui marche
  o   un enfant qui joue

- RÉFLEXION:

Questionnaire pour guider la compréhension du texte: répondez oralement aux questions suivantes, (*puis à l'écrit comme devoirs à la maison*).

- Quel sont les thèmes du poème ?
....

- Comment le poète nous dépeint l'homme?
....

- Ou se trouve-t-il?..

- Comment le poète nous dépeint la nature?
....

- Pourquoi pouvons-nous constater que l'homme est en contraste avec le décor ? :
....

- Y a-t-il une progression dramatique dans le poème?:
....

- Comment termine le poème?
....

- Au delà de la description d'un être finalement sans vie, que veut dénoncer Rimbaud dans ce poème ?
....

(Devoirs à la maison : apprendre par cœur la quatrième strophe du poème)

EVALUATION DE PRODUCTION ECRITE

Racontez vos impressions (en quelques lignes) devant une scène de guerre vue à la télévision.

Durée de l'épreuve : 30 minutes

....
....
....
....
....
....
....
....
....
....

Critères d'évaluation de l'essai:

le texte est riche d'informations, bien structuré, il présente une variété de fonctions correcte de la langue, il est original et créatif	Exceptionnelle (9-10)
Le texte est assez homogène et cohérente, il a une bonne utilisation des fonctions du langage et des contributions personnelles valides	Bien(8-9)
Le texte est suffisamment homogène et cohérente, il a une bonne utilisation des fonctions du langage, les contributions personnelles sont très importantes	Assez bien**(7-8)**
Le texte présente une utilisation de base des structures de la langue avec des erreurs qui, cependant, ils n'empêchent pas la compréhension et ils permettent la communication du message. Insignifiant et sans intérêt sont les contributions personnelles	Passable(6: niveau de seuil)
Le texte comporte beaucoup d'erreurs qui empêchent presque complètement la compréhension. Les contributions personnelles font défaut.	Pas Suffisante(1-5)

TEST DE COMPREHENSION DE LA LECTURE

Titre : "Le dormeur du Val» de Rimbaud
Le test se compose de n ° 7 articles pour correspondre

Le score est de:
2 points pour chaque bonne association
0 point pour une mauvaise réponse ou omis

Durée : 20 minutes

Relier avec des flèches les parties de la colonne de droite avec les parties correspondantes de la colonne de gauche, afin de reconstituer le poème d'Arthur Rimbaud. Attention aux distracteurs !

1. C'est un trou de verdure, où chante une rivière,	a. Sourirait un enfant malade, il fait un somme:
2. D'argent; où le soleil, de la montagne fière,	b. Accrochant follement aux herbes des haillons
3. Un soldat jeune, bouche ouverte, tête nue,	c. Tranquille. Il a deux trous rouges au côté droit.
4. Dort ; il est étendu dans l'herbe, sous la nue,	d. Resplendit : c'est un petit lac qui coule lentement
5. Les pieds dans les glaïeuls, il dort. Souriant comme	e. Pâle dans son lit vert où la lumière pleut.
6. Il dort dans le soleil, la main sur sa poitrine	f. Luit: c'est un petit val qui mousse de rayons.
7. Nature, berce-le chaudement : il a froid	g. Les parfums ne font pas frissonner sa narine.
8.	h. Sourirait un enfant gai, jouant dans un champ de lilas
9.	i. Et la nuque baignant dans le frais cresson bleu,

AUTO-ÉVALUATION

	Oui	Non	En partie
Je sais lire et comprendre un poème			
Je sais identifier les figures rhétoriques			
Je sais identifier les messages d'un poème			
Je sais travailler avec mes camarades			

RATTRAPAGE ER RENFORCEMENT

Analyse d'un poème de **Baudelaire *L'Albatros***: la nature en accord avec les sentiments du poète.

Charles Baudelaire
[Poète français : 1821-1867]
Les fleurs du mal
(1857)
L'ALBATROS
Souvent, pour s'amuser, les hommes d'équipage
Prennent des albatros, vastes oiseaux des mers,
Qui suivent, indolents compagnons de voyage,
Le navire glissant sur les gouffres amers.

À peine les ont-ils déposés sur les planches,
Que ces rois de l'azur, maladroits et honteux,
Laissent piteusement leurs grandes ailes blanches
Comme des avirons traîner à côté d'eux.

Ce voyageur ailé, comme il est gauche et veule!
Lui, naguère si beau, qu'il est comique et laid!
L'un agace son bec avec un brûle-gueule,
L'autre mime, en boitant, l'infirme qui volait!

Le Poète est semblable au prince des nuées
Qui hante la tempête et se rit de l'archer;
Exilé sur le sol au milieu des huées,
Ses ailes de géant l'empêchent de marcher.

Bibliographie

CORDER, S.P. 1967 "The Significance of Learners' Errors" in Richards, J.C. 1967.
DAKIN, J. 1973 *The Language Laboratory and Language Learning,* Longman.
HUMPHRIS, C., Luzi Catizone, R., Urbani, S. 1985 *Comunicare meglio,* Roma, Bonacci.
RICHARDS, J.C. 1967 *Error Analysis; Perspectives on Second Language Acquisition,* Longman.
ERVIN-TRIPP, S. 1974 "Is Second Language Learning Like the First?", *TESOL Quarterly 8.*
FELIX, S. (a cura di) 1978 *Recent Trends in Research on Second Language Acquisition,* Tübingen, Gunter Narr.
HATCH, E. (a cura di) 1978 *Second Language Acquisition,* Rowley, Ma., Newbury House.
KRASHEN, S. 1981 *Second Language Acquisition and Second Language Learning,* Pergamon.
KRASHEN, S. 1982 *Principles and Practice in Second Language Acquisition,* Pergamon.
BEACCO, Jean Claude (1991). « Types ou genres ? Catégorisations des textes et didactique de la compréhension et de la production écrite », *Études de linguistique appliquée*
CHAUVEAU Gérard et ROGOVAS-CHAUVEAU Eliane (1994). *Les chemins de la lecture*. Paris, Magnard.
CHAROLLES, Michel (1978). « Introduction aux problèmes de la cohérence des textes – approche théorique et étude des pratiques pédagogiques ». *Langue française*. 38, p. 7-41.
CICUREL, Francine (1991). *Lectures interactives en Langue étrangère*. Paris, Hachette.
COIRIER, Pierre, GAONAC'H, Daniel, PASSERAULT, Jean-Michel(1996). *Psycholinguistique textuelle. Approche cognitive de la compréhension et de la production des textes*. Paris, Armand Colin.
COMBLAIN, Annick, RONDAL, Jean-Adolphe (2001). *Apprendre les langues : où, quand, comment ?* Sprimont : Mardaga, cop.
Conseil de l'Europe (2001) : *Cadre européen commun de référence pour les langues.* Paris,
CORNAIRE, Claudette (1991) *Le point sur la lecture.*Paris. CLE International, coll. DEL.
DEFAYS, Jean-Marc (2003). *Le français langue étrangère et seconde : enseignement et apprentissage.* Sprimont, Mardaga.
GAONAC'H, Daniel (1987), *Théories d'apprentissage et acquisition d'une Langue étrangère.* Paris, Crédif, Hatier.
GAONAC'H, Daniel (Ed.) (1990). « Acquisition et utilisation d'une Langue étrangère : l'approche cognitive ». *Le Français dans le Monde : Recherches Applications.* Paris, Hachette.
GAONAC'H, Daniel. (1993), « Les composantes cognitives de la lecture », *Le Français dans le monde*. .
GAONAC'H, Daniel &FAYOL Michel (dir.) (2003).*Aider les élèves à comprendre - Du texte au multimédia,* Paris : Hachette éducation.
MOIRAND, Sophie (1979). *Situations d'écrits*. Paris, Clé International.
MOIRAND, Sophie (1990). *Enseigner à communiquer en Langue étrangère.* Paris Hachette
PALUCCI, Régis. (1994). « Entraîner à la compréhension ». *Le Français dans le Monde*. 266, p. 51-54. Paris, Hachette.
PEYROUTET, Claude (2001). *La pratique de l'expression écrite*. Paris, Nathan.
PORCHER, Louis (2004). *L'enseignement des langues étrangères*. Paris, Hachette Éducation.
PORTINE, Henri (1983). *L'argumentation écrite – Expression et communication.* BELC, Hachette.
RIVENC, Paul (Éd.) (2003). *Apprentissage d'une langue étrangère-seconde. 3. La méthodologie.* Bruxelles : De Boech Université, D.L.
SOUCHON, Marc (2000). « Lecture de textes en le et compétence textuelle », *Acquisition et interaction en langue étrangère. N° 13* .

MIKE LONG, *Français dans le Monde*. 291, p. 60-65. Paris, Hachette. Second Language Acquisition and Task-Based Language Teaching.

BESSE H., PORQUIER R., (1984), *Grammaire et didactique des langues*, Paris, CREDIF-Hatier, Collection LAL.
BARBOT M.-J., (2000), *Les auto-apprentissages*, Paris, CLE International.
I*nglese, francese, tedesco: Modelli operativi*(a cura di P.E. Balboni, M. Bondi, O. Chantelauve e F. Ricci Garotti)Brescia, La Scuola, 1988
AUGUSTO LAMARTINA, Lend, Janvier 1979
DOMENICI GAETANO,Manuale dell'orientamento e della didattica modulare 2009, *Laterza*
TITONE, Introduzione alla psicopedagogia del linguaggio, 1985Robert F. *Mager*, Gli *obiettivi didattici*, Giunti & Lisciani, Firenze, *1989*De Man – De Vriendt, Marie-Jeanne (Éd.) (2000).« Apprentissage d'une Langue étrangère/seconde. 1. Parcours et procédures de construction du sens », Bruxelles, De Boeck-Université

Titolo | Apprendre à apprendre
Sottotitolo | Didactique et pratique de la Langue Française
Autore | Maria Teresa Viglioglia

ISBN | 978-88-91178-73-2

© Tutti i diritti riservati all'Autore
Nessuna parte di questo libro può
essere riprodotta senza il
Preventivo assenso dell'Autore.

Youcanprint Self-Publishing
Via Roma, 73 – 73039 Tricase (LE) – Italy
www.youcanprint.it
info@youcanprint.it
Facebook : facebook.com/youcanprint.it
Twitter : twitter.com/youcanprintit

Finito di stampare nel mese di Marzo 2015

www.ingramcontent.com/pod-product-compliance
Lightning Source LLC
LaVergne TN
LVHW022111080426
835511LV00007B/758